Gesetze &
Gesetzmäßigkeiten

Peter vom See

Impressum:

Gesetze & Gesetzmäßigkeiten

- für den Berufs- und Lebensalltag
- Lebens- und Persönlichkeitsrechte

3. Grundbaustein fürs Leben

Ausgabe Herbst 2020 - © - Peter vom See

ISBN: 978-3-8423-2981-2

13,- €

Herstellung und Verlag:
Books on Demand GmbH, D-22484 Norderstedt

Mit der Feststellung, dass Menschen ihrer Rechte und Werte beraubt und ihre Lebenskraft missbraucht wird, ist es Zeit eine höhere Sicht und Lebensebene einzunehmen und eine ureigene Rechthaltung emporzufördern

- damit es gegenseitige Widerstände abbaut und menschlich-natürliche Lebens- und Arbeitsweisen möglich macht und die eigene Würde und Wert hervorruft, damit Leben und Arbeiten ebenbürtig möglich wird und allen dient.

- Du bestimmst dass dies geschieht, hierzu sind Dir wesensnahe Rechte und Gesetze und Gesetzmäßigkeiten gegeben um sie im Berufs- und Lebensalltag weise einzusetzen.

- tu es rechtzeitig, um Zeit-, Geld-, und Arbeits- bzw. Energie-verluste zu verhindern und Dein Leben von Grund auf lebensfähig und lebendig zu machen.

Erinnerung

an Deine Rechte als Mensch

in der Gemeinschaft

höhernatürliche, menschliche und weltliche Gesetze sowie

Gesetzmäßigkeiten und Ordnungen sind Menschen gegeben,

dem persönlichen Leben und aller Zusammenleben zu Ehren.

Inhaltsverzeichnis:

Deine Lebensanrechte wahrnehmen

Wenn deine Kräfte durch Gesetze gebunden sind kannst du wenig bewegen – doch durch mutig-beherzte Schritte werden sie frei, um die ureigene Lebensexistenz zu erhalten.

Dabei kannst du dieser RECHTE bewusstwerden und beginnen sie dort einzubringen wo du gerade bist. Nicht weil du´s *musst* sondern es deinem WERT entspricht.

... damit geschehen kann was du erwartest ~ ein würdiger Umgang mit dir und anderen als MENSCH. Dafür ist dir innige LIEBE, KRAFT und FREUDE zum LEBEN gegeben.

LEBENSRECHTE

Das Recht auf Leben ist dir auf allen Ebenen gegeben. Niemand kann es dir nehmen, es sei denn du lässt dies zu. Recht auf Leben und dein Dasein bedeutet: *dies Recht zuerst im Inneren zu wahren* und von dort aus alles zu erhalten was Du zum Leben brauchst. Um eigens mitgebrachte Potenziale zu entwickeln und zu leben.

SELBSTBESTIMMUNGSRECHT

Das Recht zur eigenen Bestimmung ist dir eberso gegeben, um a) ungute Auswirkungen auf Person und Leben zu vermeiden bzw. zu korrigieren und b) ein Alltagsleben nach deinem besten Wohl zu gestalten. Nimmst du es nicht wahr oder überlässt es (leichtfertig) anderen, kann dein Wohlergehen in Manipulation, Mangel oder Gefahr geraten (aufgrund Minderwertigkeit, Angst, Schuld, Mitleid, ect.). Sodann bist du aufgerufen BEWUSST ZU WERDEN und die Zügel wieder in die eigene Hand zu nehmen und somit abgegebenes Recht in bessernde und eigene brauchbare Bahnen zu lenken.
Dies unabdingbare Lebensanrecht ist in: *lus cogens* = deiner menschichen Selbstbestimmung, *lus indigenatus* = deiner Heimatverbundenheit und in *lus naturalis* = deinem seelisch-natürlich-göttlichen und auch irdischen Lebensrecht tief verwurzelt.

VÖLKER- UND MENSCHENRECHTE

Rechte, die für ein praktizierbares und gesundes Leben unabdingbar und <u>unumgänglich</u> sind. Sie leiten sich aus dem generellen Recht auf Leben und den daraus folgenden Selbstbestimmungsrechten ab. Und sichern dir lebensnotwendige Freizügigkeit, Gleichstellung und selbstbestimmtes Arbeiten zum eigenen Lebenserhalt zu. Hierin liegen GRUNDREGELN, wie dies am besten möglich ist. Was du ebenso beachten kannst und im Falle der Verweigerung berichtigen bzw. einfordern musst.

STAATS- UND LÄNDERRECHTE

Sind Rechte um Strukturen und Ordnungen zwischen alt und neu zusammenschließenden Gruppen und Menschen festzulegen. Es erlaubt ihnen jedoch nicht in deine höherstehenden Rechte einzugreifen. Hier bist du gefordert dies am allermeisten deutlich zu machen und bei unguten Tendenzen dich von schadenden Überzeugungen oder Macharten loszumachen um wieder selbst-bestimmt zu sein.

GESETZE UND VERORDNUNGEN

Sollen der Maßgabe dienen um erste Orientierungshilfen zu bieten, nicht ganz fehlzutreten und um auf menschliche und machbare Wege zurückzufinden; um eben aus Schuld, Angst, Minderwertigkeit oder Gutgläubigkeit

(Liebe) und Einseitigkeit und Manipulation von Institutionen und Unternehmen herauszukommen. Besonders, wenn sie dich überzeugen mögen, dass dieserart Rechte „höchsten" Wohl- und Sittlichkeitsansprüchen genügen würden und du über mehr Rechte scheinbar nicht verfügen kannst.

Hier beginnt Dein Weg, Unlauteres, Verdrehtes, Nicht-und Halbwahres und Lebensverneinendes umzudrehen, und zu wahrhaft lebbaren Sphären zurückzukehren.

Lebensgesetze
gehen mit allem Leben einher,
sie gehen weltlichen Gesetzen voraus
und alle Gesetzesanwendungen sind
den Menschen gleichgestellt.

Wann immer du
Dich also genötigt siehst
Dich oder andere kleinzuhalten
und Du dies Menschwidrige spürst
so übe Dich größer und weiser zu werden
indem Du ureigenen Rechten zusprichst
und zu ihnen stehst wie zu Dir im
innersten Selbst zustehst.

› Lebensgesetze ‹

Ob bewusst oder unbewusst
erschaffst und gestaltest Du dein Leben!

Gewohnheiten, sich mehr an Strukturen und Gesetze dieser Welt zu halten, sich einzig daran festzuklammern, ließ aller Orten Leben und Ordnungen auseinanderfallen. Vielleicht möchtest du´s daher Gewohnheit werden lassen immerwirkende LEBENSGESETZE mit einzubeziehen, dich daran auszurichten und für eine bestimmte Zeit ein ›Lebensgesetz‹ vordergründig zu betrachten, eben den Verhalt darüber im eigenen Leben nachprüfen und dich in aufrichtiger Weise darin zu sehen, um allem was damit zusammenhängt gerechte Verbesserungen zu üben.
Achte soher jeden Tag, in jeder Situation – bewusst – darauf, was von Dir ausgeht und was Dir widerfährt. Führe, wenn du magst, ein eigenes Erkenntnisbuch, warum nicht: *Kein Gedanke, kein Wort und keine Tat sind jemals umsonst.*

Die Gesetze des L E B E N S*
- natürliche Lebensgesetzmäßigkeiten

Diese Gesetze des Lebens sind die Basis eines menschlich natürlichen Lebens! Inwieweit bin ich bereit, sie im Lebens-, Recht- und Berufsalltag, zu ergründen? Was erlebe ich dabei? Wo und wie bringt es mich weiter? (!) - Fragen zur Motivation, Dein Leben fortan zu gestalten.

Gesetz der ENTWICKLUNG

Alles was mir widerfährt, will mir und meiner persönlichen, meiner inneren Entwicklung dienen. Wie verhalte *Ich* mich diesbezüglich?

Gesetz der POLARITÄT

Alles hat zwei Seiten. Bin ich von negativen Ereignissen berührt, so sehe ich genauer hin. Denn sie haben mit mir zu tun.
Doch nichts währt ewig. Habe ich die Unstimmigkeiten an der Wurzel gepackt, leitet eine Ausrichtung nach Vorne – die Wende ein.
Wie werte ich also die vor mir stehende Situation? Welcher Art betrifft es mich persönlich?

Gesetz der **ENTSCHEIDUNG**

Meine täglichen Entscheidungen bestimmen die Richtung meines Lebens! Nach welchen Entschlüssen – privat oder beruflich – verlangt mein Alltagsleben derzeit? Die Zeit, um mir darüber klarzuwerden, habe ich.

Gesetz der Logik

Obwohl *kein* Lebensgesetz, so ist doch die Frage wichtig: Bin ich zu arg im Kopf, oder nutze ich meine unter-bewussten Fähigkeiten schon? Wie sehr vertraue ich meinem intuitiven Bauchgefühl?

Gesetz von **URSACHE UND WIRKUNG**

In jedem Augenblick eines jeden Tages setze ich, mit meinem Denken, Sagen und Handeln, Ursachen! Mehr bewusst nehme ich dies wahr.
Dienen meine verursachten Dinge meinem gewünschten Ergebnis? Wie verhalte ich mich? Lasse ich mich eher von anderen lenken?

Gesetz der **AUFMERKSAMKEIT**

Alles, worauf ich mich konzentriere, dem ich meine Aufmerksamkeit schenke, wächst und verwirklicht sich. Ich wähle! Mag ich nur das was nicht funktioniert sehen,

oder mehr Das was mich weiter bringt? Welche ange-
nehmen Wahrnehmungen mache ich?

Gesetz des **WIDERSTANDS**

Allem, dem ich mich widersetze, das bleibt bestehen.
Akzeptieren der *Ist*-Situation ist ein erster Schritt.
Gibt es noch Dinge, an denen ich festhalte oder gegen die
ich mich auflehne, obwohl sie mir nicht länger gefallen
bzw. sie wehtun? Wie kann ich dies ändern? Was hindert
mich daran, eine Veränderung herbei-zuführen? Zuerst
blicke ich in mein Inneres!

Gesetz des **DENKENS**

Der Mensch *denkt* sich sein Leben herbei. Alles ist
möglich. Was beschäftigt mich den Tag über am meisten?
Achtung: Ich konzentriere mich unbewusst darauf. Darum
besinne ich mich einmal mehr – auf Mich.

Gesetz vom **GEBEN UND NEHMEN**

Alles was ich weggebe, kommt anderweitig, aber gleichwertig zu mir zurück! Handle ich großzügig oder geizig,
ehrlich oder manipulativ, liebevoll oder gefühlskalt?
Beziehe ich andere und mich gleichermaßen mit ein?

Mein Tun, tue ich mit ganzem Herzen! Da meine Liebe alle und alles erreichen darf – mich und andere, die ebenso dafür offen sind.

Gesetz des Ärgerns

Auch hier wende ich ›*das Gesetz vom Geben und Nehmen*‹ an. Welchen Ärger trage ich *in mir* und warum? Beschimpfe ich andere, und schiebe die Schuld ab? Es geht um *meine* Gesundheit. Daher möchte ich mich WOHLFÜHLEN, bei allem was ich tue!

Gesetz der **IMAGINATION**

Die Vorstellungen und Bilder, die ich tief in mir trage, kreieren mein Leben. Wie sehe ich *meine* Alltagswelt? Macht es mich glücklich – sie so zu sehen wie ich sie sehe. Wenn nicht, korrigiere ich meine inneren Bilder.
Wo träume ich demnach zusehr? Und wo sind meine Träume verwirklichbar!

Gesetz der **FREIHEIT**

Im Grunde meines Wesens bin ich frei! Aber: Wie frei *fühle* ich mich? Wieviel Freiheit kann ich mir erlauben? Tue ich Dinge, die mir ein frei-lebendes Gefühl geben?! Nicht Geld allein verhilft mir dazu.

So kann ich schon jetzt damit anfangen, mich freier zu fühlen! Darin übe ich mich, in kleinen Dingen. Damit löse ich mich von alten Blockaden, werde freier und gelassener.

Gesetz der **FÜLLE**

Es ist genug da. Wie z.B. Geld oder Liebe. Die Frage ist: Wie viel davon nehme *ich* wahr? Sehe ich den Reichtum in den gewöhnlichen Dingen des Alltags?! So entsteht mehr Gefühl für Fülle. In vielfältigen kleinen Momenten tritt sie dann in mein Leben.

Gesetz der **SCHWINGUNG**

Alles schwingt. Niedrige Energie ist träge, macht wenig Freude. Je höher meine Lebensenergie schwingt, umso müheloser und freudvoller kann ich den Tagesverlauf gestalten. Was fördert also meine Freude! Damit beschäftige ich mich. Einfach weil es mir guttut, es meine kreative Seite anspricht.
Alsbald kann ich davon leben. (!)

Gesetz der **RESONANZ**

Ähnliches zieht Ähnliches an. Treffe ich vorwiegend auf Menschen und Umstände die mich eher behindern? Wichtig: Mein Gegenüber ist mein „Spiegel". Wie sehe ihn bzw. sie, misstrauisch oder vertrauend, ängstlich oder liebevoll. Baut es mich auf oder ab?

Ich bin dafür *dankbar,* dass andere mir mit ihrem Verhalten aufzeigen, *wo* ich gerade stehe? So kann ich es – an mir – ändern. Danach verändern sich auch *meine* Umstände.

Gesetz des **GLAUBENS**

Wovon bin ich zutiefst überzeugt? Wirken sich meine Glaubenssätze in meinem Leben gut aus? Mein WOHL-FÜHLEN ist mein Maßstab.

Angst: sie lähmt, verhindert und zerstört schlimmstenfalls! Die Angst versteckt sich gern. Allerdings *sehe* ich sie anhand meiner Unsicherheit im Handeln. Somit geschehen kaummehr brauchbare Lebenseigenschaften.

Doch: Ängste kann ich auflösen, indem ich sie mir ansehe, und dann mitten hindurch gehe. Mutig kann ich dies in kleinen Schritten bewältigen; um freier und liebevoller zu werden.

Liebe: sie befreit sosehr, lässt zu und heilt! Wahre Liebe drückt sich in einer gefühlten Verbundenheit zu mir selbst aus.

Handlungen, die von Liebe wie ungezwungener Freude motiviert sind, fördern mein Weiterkommen immer.

Wenn ich nur meine Liebe fließen lasse, weicht alles angstvoll Befürchtende. Es verändert mein Erleben. Es ist mehr Platz für Lebensfreude und Glück, überall in meinem

Körper kann ich es spüren. Die Eigenliebe zu fühlen, ist wirkliches LEBEN.

Gesetz der **ERFAHRUNG**

Alle Erfahrungen in meinem Leben waren und sind wichtig, haben einen Grund. Konnte ich die notwendigen Schlüsse und Erkenntnisse gewinnen? Oder wiederholt sich eine leidige Erfahrung? Sie weist mich darauf hin, etwas *übersehen* zu haben. Doch kann ich es in meinem Inneren korrigieren. Um danach neue Erfahrungen zu machen.

Gesetz des **RHYTHMUS**

Alles im Leben folgt bestimmten Rhythmen. Ich unterscheide: folge ich einem künstlichen oder natürlichen Rhythmus.
Dabei hat jedes Ereignis, das ich umwandeln möchte, seine Zeit. Bin ich zu schnell oder zu langsam, wird nichts richtig zusammenpassen.
Daher: *Höre* ich auf meine „innere Stimme"?! Sie mag mich zum Gleichgewicht in allen Angelegenheiten führen. Es fühlt sich dann zusehens besser an. Die Dinge gehen mir so einfacher und leichter von der Hand.

Gesetz des **DANKENS**

Meine Dankbarkeit ist echt, wenn sie mit dem Gefühl der Liebe aus mir spricht. Sie wirkt anziehend, das Leben wirkt dann für Mich.
Bin ich dafür offen? – für solch segensreiche Erfahrungen. Ich erkenne dies an den kleinen Wundern, die ich ständig erleben darf.
Zuversicht und Lebensmut kann ich damit aus mir schöpfen. In der *LIEBE ZUM LEBEN.*

* Dies ein Kurzauszug aus dem Buch: *LEBENSWISSEN* – eine Grundlage zur Lebensgestaltung.

Gesetze & Gesetzmäßigkeiten

Überleitung zum weltlichen Recht
und Grundvoraussetzung zum Zusammenleben.

Hierzu Rechte und Verordnungen die wesentlicher
Bestandteil weltweiten Handelsrechts sind.

Erläuterung und Wegbahn

Alle Rechte des Menschen sind gottnatur- und wesensgegeben. Was hiernach bestimmt macht Menschen aus. Dies soll weder aberkannt noch unterlaufen werden. Denn es bildet den Boden um ebenbürtige Lebensfähigkeit zu sichern. Dieser Grundsatz gilt in sog. Behörden und Gerichten wie außerhalb davon und ist urgleiches Recht für einen jeden.

Im ureigenen Mitwirken ist mir daran gelegen den Verhältnissen auf ehrbare Weise zu begegnen. Es umfasst sowohl gesellschaftliche, wirtschaftliche, unternehmerische wie auch persönliche Belange, also recht-, steuer-, währungs-, landes- und politische Thematiken, verbunden mit national-internationalen Verordnungen, welche die Würde und Achtung der Menschen voranstellt.

Mannigfaltige Erfahrungen belegen, dass einzig verständiges Kommunizieren zum wirksamen Konsens verhelfen. In Wahrung dieser Voraussetzung können Gespräche sinnmachend stattfinden, sofern sie gleichgestellten Charakters und menschwerten Vereinbarungen entsprechen.

Dabei erhalten die hier höhergestellten Rechte grundsätzlichen Vorrang, vor Gesetzen und Macharten. Im Focus allgemeinen und hoheitlichen Rechtsinteresses mag daher vor allem die menschgleiche Praktizierbarkeit sein.

Nach Abwägen derzeitiger Gesamtverhalte sind sicher sinn-, rechts- und menschgemäße Entscheidungen anzuführen. Beteiligte mögen damit Erkenntnisfähigkeit und grundsteinlegender Menschsinn gegeber sein und dem Wohlergehen aller beitragen Die Befähigung dazu obliegt im Innern des Menschen. Jeder kann und soll auf bestmögliche Art und Weise zum eigenen und gemeinsamen Leben aufbauend und nutzbringend beitragen; dies Vertrauen kann nur aus dem Innern erwachsen.

Diese Kriterien erfüllen BRD-Ämter, ihre Firmierungen und Bediensteten, zurzeit nicht oder nur unzureichend. Daher sind ihnen Kontrolle und überschreitende Verfügungen genommen, auch wenn sie es noch (gewaltmäßig) zurückdrängen mögen.

So sind Rechtmaßnahmen notwendig, falls Beteiligte sich unbewusst sind Verhalte richtig ein- und zuzuordnen oder sich in Amts-, Rechts-, Staats- wie Menschanmaßungen ergehen, die körperlich-geistig und seelischen Schaden verursachen. Die jeweilige Personen und Institutionen zu verantworten und ggf. auszugleichen haben.

Somit sind nachführend diejenigen Gesetze und Regelungen aufgeführt, die Leben innerhalb von Strukturen und Volksgemein-schaften am besten ermöglichen sollen.

Sie sind im Grunde unverhandelbar und stehen jedem Mensch-, Staats- und Wirtschaftsgebaren voran. Jedermann ist gehalten sie recht- und menschsittlich einzuhalten.

Lebensrechte

- Rechte im Menschen -

- im Bewusstsein zu allem Leben gedacht:
- zur menschlichen Entwicklung
- zur persönlichen Lebensfähigkeit
- und zur Gleichberechtigung in allen Recht- und Lebensbelangen

Grundgesetz der BRD – Auszüge

- in seiner ursprünglichen Form am 18.07.1990 erloschen, durch besatzungsrechtliche Verfügung weiterhin als Geschäftsordnung in Kraft.

Ein Service des Bundesministeriums der Justiz in Zusammenarbeit mit der juris GmbH - www.juris.de, Ausfertigungsdatum: 23.05.1949

Vollzitat: "Grundgesetz für die Bundesrepublik Deutschland in der im Bundesgesetzblatt Teil III, Gliederungsnummer 100-1, veröffentlichten bereinigten Fassung, das zuletzt durch Artikel 1 des Gesetzes vom 11. Juli 2012 (BGBl. I S. 1478) geändert worden ist"

Stand: Zuletzt geändert durch Art. 1 G v. 11.7.2012 I 1478

Fußnote (+++ Textnachweis Geltung ab: 14.12.1976 +++) (+++ Maßgaben aufgrund des EinigVtr vgl. GG Anhang EV +++)

Eingangsformel

Der Parlamentarische Rat hat am 23. Mai 1949 in Bonn am Rhein in öffentlicher Sitzung festgestellt, daß das am 8. Mai des Jahres 1949 vom Parlamentarischen Rat beschlossene G r u n d g e s e t z f ü r d i e B u n d e s r e p u b l i k D e u t s c h l a n d in der Woche vom 16. bis 22. Mai 1949 durch die Volksvertretungen von mehr als Zweidritteln der beteiligten deutschen Länder angenommen worden ist.

Auf Grund dieser Feststellung hat der Parlamentarische Rat, vertreten durch seine Präsidenten, das Grundgesetz ausgefertigt und verkündet.

Das Grundgesetz wird hiermit gemäß Artikel 145 Abs. 3 im Bundesgesetzblatt veröffentlicht:

Präambel

Im Bewußtsein seiner Verantwortung vor Gott und den Menschen, von dem Willen beseelt, als gleichberechtigtes Glied in einem vereinten Europa dem Frieden der Welt zu dienen, hat sich das Deutsche Volk kraft seiner verfassungsgebenden Gewalt dieses Grundgesetz gegeben.
Die Deutschen in den Ländern Baden-Württemberg, Bayern, Berlin, Brandenburg, Bremen, Hamburg, Hessen, Mecklenburg-Vorpommern, Niedersachsen, Nordrhein-Westfalen, Rheinland-Pfalz, Saarland, Sachsen, Sachsen-Anhalt, Schleswig-Holstein und Thüringen haben in freier Selbstbestimmung die Einheit und Freiheit Deutschlands vollendet. Damit gilt dieses Grundgesetz für das gesamte Deutsche Volk.

Allgemeines

Die Grundrechte

Art 1
(1) **Die Würde des Menschen ist unantastbar.** Sie zu achten und zu schützen ist Verpflichtung aller staatlichen Gewalt.
(2) **Das Deutsche Volk bekennt sich darum zu unverletzlichen und unveräußerlichen Menschenrechten als Grundlage jeder menschlichen Gemeinschaft, des Friedens und der Gerechtigkeit in der Welt.**
(3) Die nachfolgenden Grundrechte binden Gesetzgebung, vollziehende Gewalt und Rechtsprechung als unmittelbar geltendes Recht.

Art 2

(1) Jeder hat das Recht auf die freie Entfaltung seiner Persönlichkeit, soweit er nicht die Rechte anderer verletzt und nicht gegen die verfassungsmäßige Ordnung oder das Sittengesetz verstößt.

(2) Jeder hat das Recht auf Leben und körperliche Unversehrtheit. Die Freiheit der Person ist unverletzlich. In diese Rechte darf nur auf Grund eines Gesetzes eingegriffen werden.

Art 3

(1) Alle Menschen sind vor dem Gesetz gleich.

(2) Männer und Frauen sind gleichberechtigt. Der Staat fördert die tatsächliche Durchsetzung der Gleichberechtigung von Frauen und Männern und wirkt auf die Beseitigung bestehender Nachteile hin.

(3) Niemand darf wegen seines Geschlechtes, seiner Abstammung, seiner Rasse, seiner Sprache, seiner Heimat und Herkunft, seines Glaubens, seiner religiösen oder politischen Anschauungen benachteiligt oder bevorzugt werden. Niemand darf wegen seiner Behinderung benachteiligt werden.

Art 4

(1) Die Freiheit des Glaubens, des Gewissens und die Freiheit des religiösen und weltanschaulichen Bekenntnisses sind unverletzlich.

(2) Die ungestörte Religionsausübung wird gewährleistet.

(3) Niemand darf gegen sein Gewissen zum Kriegsdienst mit der Waffe gezwungen werden. Das Nähere regelt ein Bundesgesetz.

Art 5

(1) Jeder hat das Recht, seine Meinung in Wort, Schrift und Bild frei zu äußern und zu verbreiten und sich aus allgemein zugänglichen Quellen ungehindert zu unterrichten. Die Pressefreiheit und die Freiheit der Berichterstattung durch Rundfunk und Film werden gewährleistet. Eine Zensur findet nicht statt.

(2) Diese Rechte finden ihre Schranken in den Vorschriften der allgemeinen Gesetze, den gesetzlichen Bestimmungen zum Schutze der Jugend und in dem Recht der persönlichen Ehre.

(3) Kunst und Wissenschaft, Forschung und Lehre sind frei. Die Freiheit der Lehre entbindet nicht von der Treue zur Verfassung.

Art 6

(1) Ehe und Familie stehen unter dem besonderen Schutze der staatlichen Ordnung.

(2) Pflege und Erziehung der Kinder sind das natürliche Recht der Eltern und die zuvörderst ihnen obliegende Pflicht. Über ihre Betätigung wacht die staatliche Gemeinschaft.

(3) Gegen den Willen der Erziehungsberechtigten dürfen Kinder nur auf Grund eines Gesetzes von der Familie getrennt werden, wenn die Erziehungsberechtigten versagen oder wenn die Kinder aus anderen Gründen zu verwahrlosen drohen.

(4) Jede Mutter hat Anspruch auf den Schutz und die Fürsorge der Gemeinschaft.

(5) Den unehelichen Kindern sind durch die Gesetzgebung die gleichen Bedingungen für ihre leibliche und seelische Entwicklung und ihre Stellung in der Gesellschaft zu schaffen wie den ehelichen Kindern.

Art 7

(1) Das gesamte Schulwesen steht unter der Aufsicht des Staates.

(2) Die Erziehungsberechtigten haben das Recht, über die Teilnahme des Kindes am Religionsunterricht zu bestimmen.

(3) Der Religionsunterricht ist in den öffentlichen Schulen mit Ausnahme der bekenntnisfreien Schulen ordentliches Lehrfach Unbeschadet des staatlichen Aufsichtsrechtes wird der Religionsunterricht in Übereinstimmung mit den Grundsätzen der Religionsgemeinschaften erteilt. Kein Lehrer darf gegen seinen Willen verpflichtet werden, Religionsunterricht zu erteilen.

(4) Das Recht zur Errichtung von privaten Schulen wird gewährleistet. Private Schulen als Ersatz für öffentliche Schulen bedürfen der Genehmigung des Staates und unterstehen den Landesgesetzen. Die Genehmigung ist zu erteilen, wenn die privaten Schulen in ihren Lehrzielen und Einrichtungen sowie in der wissenschaftlichen Ausbildung ihrer Lehrkräfte nicht hinter den öffentlichen Schulen zurückstehen und eine Sonderung der Schüler nach den Besitzverhältnissen der Eltern nicht gefördert wird. Die Genehmigung ist zu versagen, wenn die wirtschaftliche und rechtliche Stellung der Lehrkräfte nicht genügend gesichert ist.

(5) Eine private Volksschule ist nur zuzulassen, wenn die Unterrichtsverwaltung ein besonderes pädagogisches Interesse anerkennt oder, auf Antrag von Erziehungsberechtigten, wenn sie als Gemeinschaftsschule, als Bekenntnis- oder Weltanschauungsschule errichtet werden soll und eine öffentliche Volksschule dieser Art in der Gemeinde nicht besteht.

(6) Vorschulen bleiben aufgehoben.

Art 8

(1) Alle Deutschen haben das Recht, sich ohne Anmeldung oder Erlaubnis friedlich und ohne Waffen zu versammeln.

(2) Für Versammlungen unter freiem Himmel kann dieses Recht durch Gesetz oder auf Grund eines Gesetzes beschränkt werden.

Art 9

(1) Alle Deutschen haben das Recht, Vereine und Gesell-schaften zu bilden.

(2) Vereinigungen, deren Zwecke oder deren Tätigkeit den Strafgesetzen zuwiderlaufen oder die sich gegen die verfassungs-mäßige Ordnung oder gegen den Gedanken der Völker-verständigung richten, sind verboten.

(3) Das Recht, zur Wahrung und Förderung der Arbeits- und Wirtschaftsbedingungen Vereinigungen zu bilden, ist für

jedermann und für alle Berufe gewährleistet. Abreden, die dieses Recht einschränken oder zu behindern suchen, sind nichtig, hierauf gerichtete Maßnahmen sind rechtswidrig. Maßnahmen nach den Artikeln 12a, 35 Abs. 2 und 3, Artikel 87a Abs. 4 und Artikel 91 dürfen sich nicht gegen Arbeitskämpfe richten, die zur Wahrung und Förderung der Arbeits- und Wirtschafts-bedingungen von Vereinigungen im Sinne des Satzes 1 geführt werden.

Art 10

(1) Das Briefgeheimnis sowie das Post- und Fernmelde-geheimnis sind unverletzlich.

(2) Beschränkungen dürfen nur auf Grund eines Gesetzes angeordnet werden. Dient die Beschränkung dem Schutze der freiheitlichen demokratischen Grundordnung oder des Bestandes oder der Sicherung des Bundes oder eines Landes, so kann das Gesetz bestimmen, daß sie dem Betroffenen nicht mitgeteilt wird und daß an die Stelle des Rechtsweges die Nachprüfung durch von der Volksvertretung bestellte Organe und Hilfsorgane tritt.

Art 11

(1) Alle Deutschen genießen Freizügigkeit im ganzen Bundesgebiet.

(2) Dieses Recht darf nur durch Gesetz oder auf Grund eines Gesetzes und nur für die Fälle eingeschränkt werden, in denen eine ausreichende Lebensgrundlage nicht vorhanden ist und der Allgemeinheit daraus besondere Lasten entstehen würden oder in denen es zur Abwehr einer drohenden Gefahr für den Bestand oder die freiheitliche demokratische Grundordnung des Bundes oder eines Landes, zur Bekämpfung von Seuchengefahr, Natur-katastrophen oder besonders schweren Unglücksfällen, zum Schutze der Jugend vor Verwahrlosung oder um strafbaren Handlungen vorzubeugen, erforderlich ist.

Art 12

(1) Alle Deutschen haben das Recht, Beruf, Arbeitsplatz und Ausbildungsstätte frei zu wählen. Die Berufsausübung kann durch Gesetz oder auf Grund eines Gesetzes geregelt werden.

(2) Niemand darf zu einer bestimmten Arbeit gezwungen werden, außer im Rahmen einer herkömmlichen allgemeinen, für alle gleichen öffentlichen Dienstleistungspflicht.

(3) Zwangsarbeit ist nur bei einer gerichtlich angeordneten Freiheitsentziehung zulässig.

Art 12a

(1) Männer können vom vollendeten achtzehnten Lebensjahr an zum Dienst in den Streitkräften, im Bundesgrenzschutz oder in einem Zivilschutzverband verpflichtet werden.

(2) Wer aus Gewissensgründen den Kriegsdienst mit der Waffe verweigert, kann zu einem Ersatzdienst verpflichtet werden. Die Dauer des Ersatzdienstes darf die Dauer des Wehrdienstes nicht übersteigen. Das Nähere regelt ein Gesetz, das die Freiheit der Gewissensentscheidung nicht beeinträchtigen darf und auch eine Möglichkeit des Ersatzdienstes vorsehen muß, die in keinem Zusammenhang mit den Verbänden der Streitkräfte und des Bundesgrenzschutzes steht.

(3) Wehrpflichtige, die nicht zu einem Dienst nach Absatz 1 oder 2 herangezogen sind, können im

Verteidigungsfalle durch Gesetz oder auf Grund eines Gesetzes zu zivilen Dienstleistungen für Zwecke der Verteidigung einschließlich des Schutzes der Zivilbevölkerung in Arbeitsverhältnisse verpflichtet werden; Verpflichtungen in öffentlich-rechtliche Dienstverhältnisse sind nur zur Wahrnehmung polizeilicher Aufgaben oder solcher hoheitlichen Aufgaben der öffentlichen Verwaltung, die nur in einem öffentlich-rechtlichen Dienstverhältnis erfüllt werden können, zulässig. Arbeitsverhältnisse nach Satz 1 können bei den Streitkräften, im Bereich ihrer Versorgung sowie bei der öffentlichen Verwaltung begründet werden;

Verpflichtungen in Arbeitsverhältnisse im Bereiche der Versorgung der Zivilbevölkerung sind nur zulässig, um ihren lebensnotwendigen Bedarf zu decken oder ihren Schutz sicherzustellen.

(4) Kann im Verteidigungsfalle der Bedarf an zivilen Dienstleistungen im zivilen Sanitäts- und Heilwesen sowie in der ortsfesten militärischen Lazarettorganisation nicht auf freiwilliger Grundlage gedeckt werden, so können Frauen vom vollendeten achtzehnten bis zum vollendeten fünfundfünfzigsten Lebensjahr durch Gesetz oder auf Grund eines Gesetzes zu derartigen Dienstleistungen herangezogen werden. Sie dürfen auf keinen Fall zum Dienst mit der Waffe verpflichtet werden.

(5) Für die Zeit vor dem Verteidigungsfalle können Verpflichtungen nach Absatz 3 nur nach Maßgabe des Artikels 80a Abs. 1 begründet werden. Zur Vorbereitung auf Dienstleistungen nach Absatz 3, für die besondere Kenntnisse oder Fertigkeiten erforderlich sind, kann durch Gesetz oder auf Grund eines Gesetzes die Teilnahme an Ausbildungsveranstaltungen zur Pflicht gemacht werden. Satz 1 findet insoweit keine Anwendung.

(6) Kann im Verteidigungsfalle der Bedarf an Arbeitskräften für die in Absatz 3 Satz 2 genannten Bereiche auf freiwilliger Grundlage nicht gedeckt werden, so kann zur Sicherung dieses Bedarfs die Freiheit der Deutschen, die Ausübung eines Berufs oder den Arbeitsplatz aufzugeben, durch Gesetz oder auf Grund eines Gesetzes eingeschränkt werden. Vor Eintritt des Verteidigungsfalles gilt Absatz 5 Satz 1 entsprechend.

Art 13

(1) Die Wohnung ist unverletzlich.

(2) Durchsuchungen dürfen nur durch den Richter, bei Gefahr im Verzuge auch durch die in den Gesetzen vorgesehenen anderen Organe angeordnet und nur in der dort vorgeschriebenen Form durchgeführt werden.

(3) Begründen bestimmte Tatsachen den Verdacht, daß jemand eine durch Gesetz einzeln bestimmte besonders schwere Straftat begangen hat, so dürfen zur Verfolgung der Tat auf Grund richterlicher Anordnung technische Mittel zur akustischen Überwachung von Wohnungen, in denen der Beschuldigte sich vermutlich aufhält, eingesetzt werden, wenn die Erforschung des Sachverhalts auf andere Weise unverhältnismäßig erschwert oder aussichtslos wäre. Die Maßnahme ist zu befristen. Die Anordnung erfolgt durch einen mit drei Richtern besetzten Spruchkörper. Bei Gefahr im Verzuge kann sie auch durch einen einzelnen Richter getroffen werden.

(4) Zur Abwehr dringender Gefahren für die öffentliche Sicherheit, insbesondere einer gemeinen Gefahr oder einer Lebensgefahr, dürfen technische Mittel zur Überwachung von Wohnungen nur auf Grund richterlicher Anordnung eingesetzt werden. Bei Gefahr im Verzuge kann die Maßnahme auch durch eine andere gesetzlich bestimmte Stelle angeordnet werden; eine richterliche Entscheidung ist unverzüglich nachzuholen.

(5) Sind technische Mittel ausschließlich zum Schutze der bei einem Einsatz in Wohnungen tätigen Personen vorgesehen, kann die Maßnahme durch eine gesetzlich bestimmte Stelle angeordnet werden. Eine anderweitige Verwertung der hierbei erlangten Erkenntnisse ist nur zum Zwecke der Strafverfolgung oder der Gefahrenabwehr und nur zulässig, wenn zuvor die Recht- mäßigkeit der Maßnahme richterlich festgestellt ist; bei Gefahr im Verzuge ist die richterliche Entscheidung unverzüglich nachzu- holen.

(6) Die Bundesregierung unterrichtet den Bundestag jährlich über den nach Absatz 3 sowie über den im Zuständigkeitsbereich des Bundes nach Absatz 4 und, soweit richterlich überprüfungs- bedürftig, nach Absatz 5 erfolgten Einsatz technischer Mittel. Ein vom Bundestag gewähltes Gremium übt auf der Grundlage dieses Berichts die parlamentarische Kontrolle aus. Die Länder gewährleisten eine gleichwertige parlamentarische Kontrolle.

(7) Eingriffe und Beschränkungen dürfen im übrigen nur zur Abwehr einer gemeinen Gefahr oder einer Lebensgefahr für einzelne Personen, auf Grund eines Gesetzes auch zur Verhütung dringender Gefahren für die öffentliche Sicherheit und Ordnung, insbesondere zur Behebung der Raumnot, zur Bekämpfung von Seuchengefahr oder zum Schutze gefährdeter Jugendlicher vorgenommen werden.
Fußnote Art. 13 Abs. 3: Eingef. durch Art. 1 Nr. 1 G v. 26.3.1998 I 610 mWv 1.4.1998; mit GG Art. 79 Abs. 3 vereinbar gem. BVerfGE v. 3.3.2004 (1 BvR 2378/98, 1 BvR 1084/99)

Art 14

(1) Das Eigentum und das Erbrecht werden gewährleistet.
Inhalt und Schranken werden durch die Gesetze bestimmt.
(2) Eigentum verpflichtet. Sein Gebrauch soll zugleich dem Wohle der Allgemeinheit dienen.
(3) Eine Enteignung ist nur zum Wohle der Allgemeinheit zulässig. Sie darf nur durch Gesetz oder auf Grund eines Gesetzes erfolgen, das Art und Ausmaß der Entschädigung regelt. Die Entschädigung ist unter gerechter Abwägung der Interessen der Allgemeinheit und der Beteiligten zu bestimmen. Wegen der Höhe der Entschädigung steht im Streitfalle der Rechtsweg vor den ordentlichen Gerichten offen.

Art 15

Grund und Boden, Naturschätze und Produktionsmittel können zum Zwecke der Vergesellschaftung durch ein Gesetz, das Art und Ausmaß der Entschädigung regelt, in Gemeineigentum oder in andere Formen der Gemeinwirtschaft überführt werden. Für die Entschädigung gilt Artikel 14 Abs. 3 Satz 3 und 4 entsprechend.

Art 16

(1) Die deutsche Staatsangehörigkeit darf nicht entzogen werden. Der Verlust der Staatsangehörigkeit darf nur auf Grund eines

Gesetzes und gegen den Willen des Betroffenen nur dann eintreten, wenn der Betroffene dadurch nicht staatenlos wird.
(2) Kein Deutscher darf an das Ausland ausgeliefert werden. Durch Gesetz kann eine abweichende Regelung für Auslieferungen an einen Mitgliedstaat der Europäischen Union oder an einen internationalen Gerichtshof getroffen werden, soweit rechtsstaatliche Grundsätze gewahrt sind.

Art 16a
(1) Politisch Verfolgte genießen Asylrecht.
(2) Auf Absatz 1 kann sich nicht berufen, wer aus einem Mitgliedstaat der Europäischen Gemeinschaften oder aus einem anderen Drittstaat einreist, in dem die Anwendung des Abkommens über die Rechtsstellung der Flüchtlinge und der Konvention zum Schutze der Menschenrechte und Grundfreiheiten sichergestellt ist. Die Staaten außerhalb der Europäischen Gemeinschaften, auf die die Voraussetzungen des Satzes 1 zutreffen, werden durch Gesetz, das der Zustimmung des Bundesrates bedarf, bestimmt. In den Fällen des Satzes 1 können aufenthaltsbeendende Maßnahmen unabhängig von einem hiergegen eingelegten Rechtsbehelf vollzogen werden.
(3) Durch Gesetz, das der Zustimmung des Bundesrates bedarf, können Staaten bestimmt werden, bei denen auf Grund der Rechtslage, der Rechtsanwendung und der allgemeinen politischen Verhältnisse gewährleistet erscheint, daß dort weder politische Verfolgung noch unmenschliche oder erniedrigende Bestrafung oder Behandlung stattfindet. Es wird vermutet, daß ein Ausländer aus einem solchen Staat nicht verfolgt wird, solange er nicht Tatsachen vorträgt, die die Annahme begründen, daß er entgegen dieser Vermutung politisch verfolgt wird.
(4) Die Vollziehung aufenthaltsbeendender Maßnahmen wird in den Fällen des Absatzes 3 und in anderen Fällen, die offensichtlich unbegründet sind oder als offensichtlich unbegründet gelten, durch das Gericht nur ausgesetzt, wenn ernstliche Zweifel

an der Rechtmäßigkeit der Maßnahme bestehen; der Prüfungsumfang kann eingeschränkt werden und verspätetes Vorbringen unberücksichtigt bleiben. Das Nähere ist durch Gesetz zu bestimmen.

(5) Die Absätze 1 bis 4 stehen völkerrechtlichen Verträgen von Mitgliedstaaten der Europäischen Gemeinschaften untereinander und mit dritten Staaten nicht entgegen, die unter Beachtung der Verpflichtungen aus dem Abkommen über die Rechtsstellung der Flüchtlinge und der Konvention zum Schutze der Menschenrechte und Grundfreiheiten, deren Anwendung in den Vertragsstaaten sichergestellt sein muß, Zuständigkeitsregelungen für die Prüfung von Asylbegehren einschließlich der gegenseitigen Anerkennung von Asylentscheidungen treffen.

Fußnote Art. 16a: Eingef. durch Art. 1 Nr. 2 G v. 28.6.1993 I 1002 mWv 30.6.1993; mit Art. 79 Abs. 3 GG (100-1) vereinbar gem. BVerfGE v. 14.5.1996 I 952 (2 BvR 1938/93, 2 BvR 2315/93)

Art 17

Jedermann hat das Recht, sich einzeln oder in Gemeinschaft mit anderen schriftlich mit Bitten oder Beschwerden an die zuständigen Stellen und an die Volksvertretung zu wenden. (siehe auch Art. 93).

Art 17a

(1) Gesetze über Wehrdienst und Ersatzdienst können bestimmen, daß für die Angehörigen der Streitkräfte und des Ersatzdienstes während der Zeit des Wehr- oder Ersatzdienstes das Grundrecht, seine Meinung in Wort, Schrift und Bild frei zu äußern und zu verbreiten (Artikel 5 Abs. 1 Satz 1 erster Halbsatz), das Grundrecht der Versammlungsfreiheit (Artikel 8) und das Petitionsrecht (Artikel 17), soweit es das Recht gewährt, Bitten oder Beschwerden in Gemeinschaft mit anderen vorzubringen, eingeschränkt werden.

(2) Gesetze, die der Verteidigung einschließlich des Schutzes der Zivilbevölkerung dienen, können bestimmen, daß die Grundrechte der Freizügigkeit (Artikel 11) und der Unverletzlichkeit der Wohnung (Artikel 13) eingeschränkt werden.

Art 18

Wer die Freiheit der Meinungsäußerung, insbesondere die Pressefreiheit (Artikel 5 Abs. 1), die Lehrfreiheit (Artikel 5 Abs. 3), die Versammlungsfreiheit (Artikel 8), die Vereinigungsfreiheit (Artikel 9), das Brief-, Post- und Fernmeldegeheimnis (Artikel 10), das Eigentum (Artikel 14) oder das Asylrecht (Artikel 16a) zum Kampfe gegen die freiheitliche demokratische Grundordnung mißbraucht, verwirkt diese Grundrechte. Die Verwirkung und ihr Ausmaß werden durch das Bundesverfassungsgericht ausgesprochen.

Art 19

(1) Soweit nach diesem Grundgesetz ein Grundrecht durch Gesetz oder auf Grund eines Gesetzes eingeschränkt werden kann, muß das Gesetz allgemein und nicht nur für den Einzelfall gelten. Außerdem muß das Gesetz das Grundrecht unter Angabe des Artikels nennen.

(2) In keinem Falle darf ein Grundrecht in seinem Wesensgehalt angetastet werden.

(3) Die Grundrechte gelten auch für inländische juristische Personen, soweit sie ihrem Wesen nach auf diese anwendbar sind.

(4) Wird jemand durch die öffentliche Gewalt in seinen Rechten verletzt, so steht ihm der Rechtsweg offen. Soweit eine andere Zuständigkeit nicht begründet ist, ist der ordentliche Rechtsweg gegeben. Artikel 10 Abs. 2 Satz 2 bleibt unberührt.

Der Bund und die Länder

Art 20

(1) Die Bundesrepublik Deutschland ist ein demokratischer und sozialer Bundesstaat.

(2) Alle Staatsgewalt geht vom Volke aus. Sie wird vom Volke in Wahlen und Abstimmungen und durch besondere Organe der Gesetzgebung, der vollziehenden Gewalt und der Rechtsprechung ausgeübt.

(3) Die Gesetzgebung ist an die verfassungsmäßige Ordnung, die vollziehende Gewalt und die Rechtsprechung sind an Gesetz und Recht gebunden.

(4) Gegen jeden, der es unternimmt, diese Ordnung zu beseitigen, haben alle Deutschen das Recht zum Widerstand, wenn andere Abhilfe nicht möglich ist.

Art 20a

Der Staat schützt auch in Verantwortung für die künftigen Generationen die natürlichen Lebensgrundlagen und die Tiere im Rahmen der verfassungsmäßigen Ordnung durch die Gesetzgebung und nach Maßgabe von Gesetz und Recht durch die vollziehende Gewalt und die Rechtsprechung.

Art 21

(1) Die Parteien wirken bei der politischen Willensbildung des Volkes mit. Ihre Gründung ist frei. Ihre innere Ordnung muß demokratischen Grundsätzen entsprechen. Sie müssen über die Herkunft und Verwendung ihrer Mittel sowie über ihr Vermögen öffentlich Rechenschaft geben.

(2) Parteien, die nach ihren Zielen oder nach dem Verhalten ihrer Anhänger darauf ausgehen, die freiheitliche demokratische Grundordnung zu beeinträchtigen oder zu beseitigen oder den Bestand der Bundesrepublik Deutschland zu gefährden, sind verfassungswidrig. Über die Frage der Verfassungswidrigkeit entscheidet das Bundesverfassungsgericht.

(3) Das Nähere regeln Bundesgesetze.

...

Art 23

(1) Zur Verwirklichung eines vereinten Europas wirkt die Bundesrepublik Deutschland bei der Entwicklung der Europäischen Union mit, die demokratischen, rechtsstaatlichen, sozialen und föderativen Grundsätzen und dem Grundsatz der Subsidiarität verpflichtet ist und einen diesem Grundgesetz im wesentlichen vergleichbaren Grundrechtsschutz gewährleistet. Der Bund kann hierzu durch Gesetz mit Zustimmung des Bundesrates Hoheitsrechte übertragen. Für die Begründung der Europäischen Union sowie für Änderungen ihrer vertraglichen Grundlagen und vergleichbare Regelungen, durch die dieses Grundgesetz seinem Inhalt nach geändert oder ergänzt wird oder solche Änderungen oder Ergänzungen ermöglicht werden, gilt Artikel 79 Abs. 2 und 3.

(1a) Der Bundestag und der Bundesrat haben das Recht, wegen Verstoßes eines Gesetzgebungsakts der Europäischen Union gegen das Subsidiaritätsprinzip vor dem Gerichtshof der Europäischen Union Klage zu erheben. ...

Anmerkung: Mit Streichung des Art. 23 GG durch den damaligen Außenminister James Baker am 17.07.1990, ist der territoriale Geltungsbereich des Grundgesetzes für die "BRD" mit Wirkung zum 18.07.1990 erloschen – siehe hierzu: BGBl 199, Teil II, Seite 885 und 890 vom 23.09.1990, seither handelt die BRD nach unternehmerischen Grundsätzen, siehe Art. 133.

Art 24

(1) Der Bund kann durch Gesetz Hoheitsrechte auf zwischenstaatliche Einrichtungen übertragen.

(1a) Soweit die Länder für die Ausübung der staatlichen Befugnisse und die Erfüllung der staatlichen Aufgaben zuständig sind, können sie mit Zustimmung der Bundesregierung Hoheitsrechte auf grenznachbarschaftliche Einrichtungen übertragen.

(2) Der Bund kann sich zur Wahrung des Friedens einem System gegenseitiger kollektiver Sicherheit einordnen;
er wird hierbei in die Beschränkungen seiner Hoheitsrechte einwilligen, die eine friedliche und dauerhafte Ordnung in Europa und zwischen den Völkern der Welt herbeiführen und sichern.

(3) Zur Regelung zwischenstaatlicher Streitigkeiten wird der Bund Vereinbarungen über eine allgemeine, umfassende, obligatorische, internationale Schiedsgerichtsbarkeit beitreten.

Art 25

Die allgemeinen Regeln des Völkerrechtes sind Bestandteil des Bundesrechtes. Sie gehen den Gesetzen vor und erzeugen Rechte und Pflichten unmittelbar für die Bewohner des Bundesgebietes.

Art 26

(1) Handlungen, die geeignet sind und in der Absicht vorgenommen werden, das friedliche Zusammenleben der Völker zu stören, insbesondere die Führung eines Angriffskrieges vorzubereiten, sind verfassungswidrig. Sie sind unter Strafe zu stellen.

(2) Zur Kriegführung bestimmte Waffen dürfen nur mit Genehmigung der Bundesregierung hergestellt, befördert und in Verkehr gebracht werden. Das Nähere regelt ein Bundesgesetz.

...

Art 28

(1) Die verfassungsmäßige Ordnung in den Ländern muß den Grundsätzen des republikanischen, demokratischen und sozialen Rechtsstaates im Sinne dieses Grundgesetzes entsprechen. In den Ländern, Kreisen und Gemeinden muß das Volk eine Vertretung haben, die aus allgemeinen, unmittelbaren, freien, gleichen und geheimen Wahlen hervorgegangen ist. Bei Wahlen in Kreisen und Gemeinden sind auch Personen, die die Staatsangehörigkeit eines Mitgliedstaates der Europäischen Gemeinschaft besitzen, nach Maßgabe von Recht der Europäischen Gemeinschaft wahlberechtigt und wählbar. In Gemeinden kann an die Stelle einer gewählten Körperschaft die Gemeindeversammlung treten.

(2) Den Gemeinden muß das Recht gewährleistet sein, alle Angelegenheiten der örtlichen Gemeinschaft im Rahmen der Gesetze in eigener Verantwortung zu regeln. Auch die Gemeinde-verbände haben im Rahmen ihres gesetzlichen Aufgabenberei-ches nach Maßgabe der Gesetze das Recht der Selbstverwalt-ung. Die Gewährleistung der Selbstverwaltung umfaßt auch die Grundlagen der finanziellen Eigenverantwortung; zu diesen Grundlagen gehört eine den Gemeinden mit Hebesatzrecht zustehende wirtschaftskraftbezogene Steuerquelle.

(3) Der Bund gewährleistet, daß die verfassungsmäßige Ordnung der Länder den Grundrechten und den Bestimmungen der Absätze 1 und 2 entspricht.

...

Art 30

Die Ausübung der staatlichen Befugnisse und die Erfüllung der staatlichen Aufgaben ist Sache der Länder, soweit dieses Grundgesetz keine andere Regelung trifft oder zuläßt.

Art 31

Bundesrecht bricht Landesrecht. Die besondere Bedeutung des Bundesverfassungsgerichts kommt in § 31 Abs. 1 BVerfGG zum Ausdruck:

„Die Entscheidungen des Bundesverfassungsgerichts binden die Verfassungsorgane des Bundes und der Länder sowie alle Gerichte und Behörden."

In den in § 31 Abs. 2 BVerfGG genannten Fällen haben die Entscheidungen des Gerichts jedoch Gesetzeskraft und gelten für jedermann *(inter omnes)*.

...

Art 33

(1) Jeder Deutsche hat in jedem Lande die gleichen staatsbürgerlichen Rechte und Pflichten.

(2) Jeder Deutsche hat nach seiner Eignung, Befähigung und fachlichen Leistung gleichen Zugang zu jedem öffentlichen Amte.

(3) Der Genuß bürgerlicher und staatsbürgerlicher Rechte, die Zulassung zu öffentlichen Ämtern sowie die im öffentlichen Dienste erworbenen Rechte sind unabhängig von dem religiösen Bekenntnis. Niemandem darf aus seiner Zugehörigkeit oder Nichtzugehörigkeit zu einem Bekenntnisse oder einer Weltanschauung ein Nachteil erwachsen.

(4) Die Ausübung hoheitsrechtlicher Befugnisse ist als ständige Aufgabe in der Regel Angehörigen des öffentlichen Dienstes zu übertragen, die in einem öffentlich-rechtlichen Dienst- und Treueverhältnis stehen.

(5) Das Recht des öffentlichen Dienstes ist unter Berücksichtigung der hergebrachten Grundsätze des Berufsbeamtentums zu regeln und fortzuentwickeln...

...

Art 93

(1) Das Bundesverfassungsgericht entscheidet:

1. über die Auslegung dieses Grundgesetzes aus Anlaß von Streitigkeiten über den Umfang der Rechte und Pflichten eines obersten Bundesorgans oder anderer Beteiligter, die durch dieses Grundgesetz oder in der Geschäftsordnung eines obersten Bundesorgans mit eigenen Rechten ausgestattet sind;

2. bei Meinungsverschiedenheiten oder Zweifeln über die förmliche und sachliche Vereinbarkeit von Bundesrecht oder Landesrecht mit diesem Grundgesetze oder die Vereinbarkeit von Landesrecht mit sonstigem Bundesrechte auf Antrag der Bundesregierung, einer Landesregierung oder eines Viertels der Mitglieder des Bundestages;

2a. bei Meinungsverschiedenheiten, ob ein Gesetz den Voraussetzungen des Artikels 72 Abs. 2 entspricht, auf Antrag des Bundesrates, einer Landesregierung oder der Volksvertretung eines Landes;

3. bei Meinungsverschiedenheiten über Rechte und Pflichten des Bundes und der Länder, insbesondere bei der Ausführung von Bundesrecht durch die Länder und bei der Ausübung der Bundesaufsicht;

4. in anderen öffentlich-rechtlichen Streitigkeiten zwischen dem Bunde und den Ländern, zwischen verschiedenen Ländern oder innerhalb eines Landes, soweit nicht ein anderer Rechtsweg gegeben ist;

4a. über Verfassungsbeschwerden, die von jedermann mit der Behauptung erhoben werden können, durch die öffentliche Gewalt in einem seiner Grundrechte oder in einem seiner in Artikel 20 Abs. 4, 33, 38, 101, 103 und 104 enthaltenen Rechte verletzt zu sein;

4b. über Verfassungsbeschwerden von Gemeinden und Gemeindeverbänden wegen Verletzung des Rechts auf Selbstverwaltung nach Artikel 28 durch ein Gesetz, bei Landesgesetzen jedoch nur, soweit nicht Beschwerde beim Landesverfassungsgericht erhoben werden kann;

4c. über Beschwerden von Vereinigungen gegen ihre Nichtanerkennung als Partei für die Wahl zum Bundestag;

5. in den übrigen in diesem Grundgesetze vorgesehenen Fällen.

Art 101

(1) Ausnahmegerichte sind unzulässig. Niemand darf seinem gesetzlichen Richter ertzogen werden.

(2) Gerichte für besondere Sachgebiete können nur durch Gesetz errichtet werden.

Art 102

Die Todesstrafe ist abgeschafft.

Art 103

(1) Vor Gericht hat jedermann Anspruch auf rechtliches Gehör.

(2) Eine Tat kann nur bestraft werden, wenn die Strafbarkeit gesetzlich bestimmt war, bevor die Tat begangen wurde.

(3) Niemand darf wegen derselben Tat auf Grund der allgemeinen Strafgesetze mehrmals bestraft werden.

Art 104

(1) Die Freiheit der Person kann nur auf Grund eines förmlichen Gesetzes und nur unter Beachtung der darin vorgeschriebenen Formen beschränkt werden. Festgehaltene Personen dürfen weder seelisch noch körperlich mißhandelt werden.

(2) Über die Zulässigkeit und Fortdauer einer Freiheitsentziehung hat nur der Richter zu entscheiden. Bei jeder nicht auf richterlicher Anordnung beruhenden Freiheitsentziehung ist unverzüglich eine richterliche Entscheidung herbeizuführen. Die Polizei darf aus eigener Machtvollkommenheit niemanden länger als bis zum

Ende des Tages nach dem Ergreifen in eigenem Gewahrsam halten. Das Nähere ist gesetzlich zu regeln.

(3) Jeder wegen des Verdachtes einer strafbaren Handlung vorläufig Festgenommene ist spätestens am Tage nach der Festnahme dem Richter vorzuführen, der ihm die Gründe der Festnahme mitzuteilen, ihn zu vernehmen und ihm Gelegenheit zu Einwendungen zu geben hat. Der Richter hat unverzüglich entweder einen mit Gründen versehenen schriftlichen Haftbefehl zu erlassen oder die Freilassung anzuordnen.

(4) Von jeder richterlichen Entscheidung über die Anordnung oder Fortdauer einer Freiheitsentziehung ist unverzüglich ein Angehöriger des Festgehaltenen oder eine Person seines Vertrauens zu benachrichtigen.

Art 133
Der Bund tritt in die Rechte und Pflichten der Verwaltung des Vereinigten Wirtschaftsgebietes ein.

Art 140
Die Bestimmungen der Artikel 136, 137, 138, 139 und 141 der deutschen Verfassung vom 11. August 1919 sind Bestandteil dieses Grundgesetzes.

Art 146
Dieses Grundgesetz, das nach Vollendung der Einheit und Freiheit Deutschlands für das gesamte deutsche Volk gilt, verliert seine Gültigkeit an dem Tage, an dem eine Verfassung in Kraft tritt, die von dem deutschen Volke in freier Entscheidung beschlossen worden ist.

Wie nachstehend für Gesamtdeutschland alliierten- und völkerrechtlich geltend zu habenden Verfassung vom 21. Dezember
2006, ehemals Weimarer Verfassung, in Auszügen,
als bekennender Bestandteil nach Art. 4 Reichsverfassung sind
sie dem BRD-Unternehmensrecht vorrangig und in internationa-
les Recht bei den Vereinten Nationen eingebunden,
dies wird von BRD-Se ten verschwiegen und unterdrückt und auf
völkerrechtswidrige bekämpft,
jeder Deutsche hat dennoch die Möglichkeit sich dazu zu
bekennen.

Gesamtdeutsche Verfassung – Auszüge
nach Reichsgesetzblatt

Ausgegeben zu Berlin, den 21. Dezember 2006
aus Weimarer Verfassung von 1919
zuletzt durch Bekanntmachung der Neufassung der Verfassung
des Deutschen Reichs zuletzt am 25. Januar 2014 geändert.

Präambel
Die durch die Alliierten Siegermächte eingesetzte und bestätigte Amtierende Reichsregierung, von dem Willen beseelt, das Deutsche Reich neutral in Freiheit und Gerechtigkeit zu erneuern und zu festigen, dem inneren und dem äußeren Frieden zu dienen, hat diese Verfassung für die Dauer bis zur Abstimmung über eine Verfassung durch das Deutsche Volk beschlossen.

Artikel **1**
Das Deutsche Volk wählt nach der Wiedervereinigung Deutschlands als Ganzes in den Außengrenzen vom 31. Dezember 1937, durch Volksentscheid in freier Selbstbestimmung seine Regierungsform.
Das neutrale Deutsche Reich hat an der Proklamation der zu proklamierenden Vereinigten Staaten von Europa vom Atlantik, einschließlich des Mittelmeerraumes, bis zum Ural, mitzuwirken.
Die Staatsgewalt geht vom Volke aus.

Artikel **2**
Das Reichsgebiet besteht in den Außengrenzen wie diese am 31. Dezember 1937 bestanden, aus den Gebieten der deutschen Länder Freistaat Anhalt, Freistaat Baden, Freistaat Bayern, Freistaat Freie Hansestadt Bremen, Freistaat Freier Volksstaat Württemberg, Freistaat Freie und Hansestadt Hamburg, Freistaat

Freie und Hansestadt Lübeck, Freistaat Lippe, Freistaat Mecklenburg-Schwerin, Freistaat Mecklenburg-Strelitz, Freistaat Oldenburg, Freistaat Sachsen, Freistaat Schaumburg-Lippe, Freistaat Thüringen, Freistaat Volksstaat Hessen in den Innengrenzen vom 30. Januar 1933, sowie aus den Reichsländern Freistaat Braunschweig und Freistaat Preußen in den Innengrenzen vom 01. August 1941.

Andere Gebiete können durch Reichsgesetz in das Reich aufgenommen werden, wenn es ihre Bevölkerung kraft des Selbstbestimmungsrechtes begehrt.

Artikel 3

Die Reichsfarben sind schwarz-weiß-rot. Die Handelsflagge ist schwarz-weiß-rot. Das Kaiserrecht ist zu berücksichtigen.

Artikel 4

Die allgemein anerkannten Regeln des Völkerrechts gelten als bindende Bestandteile des deutschen Reichsrechts.

...

Artikel 105

Ausnahmegerichte sind unstatthaft. Niemand darf seinem gesetzlichen Richter entzogen werden. Die gesetzlichen Bestimmungen über Kriegsgerichte und Standgerichte werden hiervon nicht berührt. Die militärischen Ehrengerichte sind aufgehoben.

Grundrechte und Grundpflichten der Deutschen

Die Einzelperson

Artikel 109

Alle Deutschen sind dem Gesetze nach gleichwertig zu behandeln. Der bürgerliche Tod und die Strafe der Vermögenseinziehung finden <u>nicht</u> statt.
Männer und Frauen haben grundsätzlich dieselben staatsbürgerlichen Rechte und Pflichten.
Öffentlich~rechtliche Vorrechte oder Nachteile der Geburt oder des Standes sind aufzuheben.
Adelsbezeichnungen gelten nur als Teil des Namens und dürfen nicht mehr verliehen werden. Titel dürfen nur verliehen werden, wenn sie ein Amt oder einen Beruf bezeichnen; akademische Grade sind hierdurch nicht betroffen.
Orden und Ehrenzeichen dürfen vom Staat nicht mehr verliehen werden.
Kein Deutscher darf von einer ausländischen Regierung Titel oder Orden annehmen.

Artikel 110
Die Staatsangehörigkeit im Reiche und in den Ländern wird nach den Bestimmungen eines Reichsgesetzes erworben und verloren.
Jeder Angehörige des Reichs ist zugleich Landes-angehöriger.
Jeder Deutsche des Reichs hat in jedem Lande die gleichen Rechte und Pflichten wie die Angehörigen des Landes selbst.

Artikel 111
Alle Deutschen genießen Freizügigkeit im ganzen Reiche. Jeder hat das Recht, sich an beliebigem Orte des Reichs aufzuhalten und niederzulassen, Grundstücke zu erwerben und jeden Nahrungszweig zu betreiben.
Einschränkungen bedürfen eines Reichsgesetzes.

Artikel 112
Jeder Deutsche ist berechtigt, nach außerdeutschen Ländern auszuwandern. Die Auswanderung kann nur durch Reichsgesetz beschränkt werden.

Dem Ausland gegenüber haben alle Reichsangehörigen inner- und außerhalb des Reichsgebiets Anspruch auf den Schutz des Reichs.

Kein Deutscher darf einer ausländischen Regierung zur Verfolgung oder Bestrafung überliefert werden.

Artikel 113

Die fremdsprachigen Volksteile des Reichs dürfen durch die Gesetzgebung und Verwaltung nicht in ihrer freien, volkstümlicher Entwicklung, besonders nicht im Gebrauch ihrer Muttersprache beim Unterricht, sowie bei der inneren Verwaltung und der Rechtspflege beeinträchtigt werden.

Artikel 114

Die Freiheit der Person ist unverletzlich. Eine Beeinträchtigung oder Entziehung der persönlichen Freiheit durch die öffentliche Gewalt ist nur auf Grund von Gesetzen zulässig.

Personen, denen die Freiheit entzogen wird, sind spätestens am darauffolgenden Tage in Kenntnis zu setzen, von welcher Behörde und aus welchen Gründen die Entziehung der Freiheit angeordnet worden ist;

unverzüglich soll ihnen Gelegenheit gegeben werden, Einwendungen gegen ihre Freiheitsentziehung vorzubringen.

Artikel 115

Die Wohnung jedes Deutschen ist für ihn eine Freistätte und unverletzlich. Ausnahmen sind nur auf Grund von Gesetzen zulässig.

Artikel 116

Eine Handlung kann nur dann mit einer Strafe belegt werden, wenn die Strafbarkeit gesetzlich bestimmt war, bevor die Handlung begangen wurde.

Artikel **117**

Das Briefgeheimnis sowie das Post-, Telegraphen-, Fernsprech- und Telekommunikationsgeheimnis sind unverletzlich. Ausnahmen können nur durch Reichsgesetz zugelassen werden.

Artikel **118**

Jeder Deutsche hat das Recht, innerhalb der Schranken der allgemeinen Gesetze seine Meinung durch Wort, Schrift, Druck, Bild oder in sonstiger Weise frei zu äußern. An diesem Rechte darf ihn kein Arbeits- oder Anstellungsverhältnis hindern, und niemand darf ihn benachteiligen, wenn er von diesem Rechte Gebrauch macht.

Eine Zensur findet nicht statt, doch können für Lichtspiele durch Gesetz abweichende Bestimmungen getroffen werden. Auch sind zur Bekämpfung der Schund- und Schmutzliteratur sowie zum Schutze der Jugend bei öffentlichen Schaustellungen und Darbietungen gesetzliche Maßnahmen zulässig.

Das Gemeinschaftsleben

Artikel **119**

Die Ehe steht als Grundlage des Familienlebens und der Erhaltung und Vermehrung der Nation unter dem besonderen Schutz der Verfassung. Sie beruht auf der Gleichberechtigung der beiden Geschlechter.

Die Reinerhaltung, Gesundung und soziale Förderung der Familie ist Aufgabe des Staats und der Gemeinden. Kinderreiche Familien haben Anspruch auf ausgleichende Fürsorge.

Die Mutterschaft hat Anspruch auf den Schutz und die Fürsorge des Staats.

Artikel **120**

Die Erziehung des Nachwuchses zur leiblichen, seelischen und gesellschaftlichen Tüchtigkeit ist oberste Pflicht und natürliches Recht der Eltern, über deren Betätigung die staatliche Gemeinschaft wacht.

Artikel 121

Den unehelichen Kindern sind durch die Gesetzgebung die gleichen Bedingungen für ihre leibliche, seelische und gesellschaftliche Entwicklung zu schaffen wie den ehelichen Kindern.

Artikel 122

Die Jugend ist gegen Ausbeutung sowie gegen sittliche, geistige oder körperliche Verwahrlosung zu schützen.
Staat und Gemeinde haben die erforderlichen Einrichtungen zu treffen.
Fürsorgemaßregeln im Wege des Zwanges können nur auf Grund des Gesetzes angeordnet werden.

Artikel 123

Alle Deutschen haben das Recht, sich ohne Anmeldung oder besondere Erlaubnis friedlich und unbewaffnet zu versammeln.
Versammlungen unter freiem Himmel können durch Reichsgesetz anmeldepflichtig gemacht und bei unmittelbarer Gefahr für die öffentliche Sicherheit verboten werden.

Artikel 124

Alle Deutschen haben das Recht, zu Zwecken, die den Strafgesetzen nicht zuwiderlaufen, Vereine oder Gesellschaften zu bilden. Dies Recht kann nicht durch Vorbeugungsmaßregeln beschränkt werden. Für religiöse Vereine und Gesellschaften gelten dieselben Bestimmungen.
Der Erwerb der Rechtsfähigkeit steht jedem Verein gemäß den Vorschriften des bürgerlichen Rechts frei.

Er darf einem Vereine nicht aus dem Grunde versagt werden, daß er einen politischen, sozialpolitischen oder religiösen Zweck verfolgt.

Artikel 125
Wahlfreiheit und Wahlgeheimnis sind gewährleistet. Das Nähere bestimmen die Wahlgesetze.

Artikel 126
Jeder Deutsche hat das Recht, sich schriftlich mit Bitten oder Beschwerden an die zuständige Behörde oder an die Volksvertretung zu wenden. Dieses Recht kann sowohl von einzelnen als auch von mehreren gemeinsam ausgeübt werden.

Artikel 127
Gemeinden und Gemeindeverbände haben das Recht der Selbstverwaltung innerhalb der Schranken der Gesetze.

Artikel 128
Alle Staatsbürger ohne Unterschied sind nach Maßgabe der Gesetze und entsprechend ihrer Befähigung und ihren Leistungen zu den öffentlichen Ämtern zuzulassen.
Alle Ausnahmebestimmungen gegen weibliche Beamte werden beseitigt.
Die Grundlagen des Beamtenverhältnisses sind durch Reichsgesetz zu regeln.
...

Artikel 132
Jeder Deutsche hat nach Maßgabe der Gesetze die Pflicht zur Übernahme ehrenamtlicher Tätigkeiten.

Artikel 133
Alle Staatsbürger sind verpflichtet, nach Maßgabe der Gesetze persönliche Dienste für den Staat und die Gemeinde zu leisten.

Die Wehrpflicht richtet sich nach den Bestimmungen des Reichswehrgesetzes. Dieses bestimmt auch, wieweit für Angehörige der Reichswehr zur Erfüllung ihrer Aufgaben und zur Erhaltung der Manneszucht einzelne Grundrechte einzuschränken sind.

Artikel **134**
Alle Staatsbürger ohne Unterschied tragen im Verhältnis ihrer Mittel zu allen öffentlichen Lasten nach Maßgabe der Gesetze bei.

Religion und Religionsgesellschaften

Artikel **135**
Alle Bewohner des Reichs genießen volle Glaubens- und Gewissensfreiheit. Die ungestörte Religionsübung wird durch die Verfassung gewährleistet und steht unter staatlichem Schutz. Die allgemeinen Staatsgesetze bleiben hiervon unberührt.

Artikel **136**
Die bürgerlichen und staatsbürgerlichen Rechte und Pflichten werden durch die Ausübung der Religionsfreiheit weder bedingt noch beschränkt.
Der Genuß bürgerlicher und staatsbürgerlicher Rechte sowie die Zulassung zu öffentlichen Ämtern sind unabhängig von dem religiösen Bekenntnis.
Niemand ist verpflichtet, seine religiöse Überzeugung zu offenbaren. Die Behörden haben nur soweit das Recht, nach der Zugehörigkeit zu einer Religionsgesellschaft zu fragen, als davon Rechte und Pflichten abhängen oder eine gesetzlich angeordnete statistische Erhebung dies erfordert.
Niemand darf zu einer kirchlichen Handlung oder Feierlichkeit oder zur Teilnahme an religiösen Übungen oder zur Benutzung einer religiösen Eidesform gezwungen werden.

...

Bildung und Schule

Artikel **142**
Die Kunst, die Wissenschaft und ihre Lehre sind frei. Der Staat gewährt ihnen Schutz und nimmt an ihrer Pflege teil.

...

Artikel **148**
In allen Schulen ist sittliche Bildung, staatsbürgerliche Gesinnung, persönliche und berufliche Tüchtigkeit im Geiste des deutschen Volkstums und der Völkerversöhnung zu erstreben.
Beim Unterricht in öffentlichen Schulen ist Bedacht zu nehmen, daß die Empfindungen Andersdenkender nicht verletzt werden.
Staatsbürgerkunde und Arbeitsunterricht sind Lehrfächer der Schulen. Jeder Schüler erhält bei Beendigung der Schulpflicht einen Abdruck der Verfassung.
Das Volksbildungswesen, einschließlich der Volkshochschulen, soll von Reich, Ländern und Gemeinden gefördert werden.

Das Wirtschaftsleben

Artikel **151**
Die Ordnung des Wirtschaftslebens muß den Grundsätzen der Gerechtigkeit mit dem Ziele der Gewährleistung eines menschenwürdigen Daseins für alle entsprechen. In diesen Grenzen ist die wirtschaftliche Freiheit des Einzelnen zu sichern.

Gesetzlicher Zwang ist nur zulässig zur Verwirklichung bedrohter Rechte oder im Dienst überragender Forderungen des Gemeinwohls.

Die Freiheit des Handels und Gewerbes wird nach Maßgabe der Reichsgesetze gewährleistet.

Artikel 152

Im Wirtschaftsverkehr gilt Vertragsfreiheit nach Maßgabe der Gesetze. Wucher ist verboten.

Rechtsgeschäfte, die gegen die guten Sitten verstoßen, sind nichtig.

Artikel 153

Das Eigentum wird von der Verfassung gewährleistet. Sein Inhalt und seine Schranken ergeben sich aus den Gesetzen.

Eine Enteignung kann nur zum Wohle der Allgemeinheit und auf gesetzlicher Grundlage vorgenommen werden. Sie erfolgt gegen angemessene Entschädigung, soweit nicht ein Reichsgesetz etwas anderes bestimmt.

Wegen der Höhe der Entschädigung ist im Streitfalle der Rechtsweg bei den ordentlichen Gerichten offen zu halten, soweit Reichsgesetze nichts anderes bestimmen. Enteignung durch das Reich gegenüber Ländern, Gemeinden und gemeinnützigen Verbänden kann nur gegen Entschädigung erfolgen.

Eigentum verpflichtet. Sein Gebrauch soll zugleich Dienst sein für das Gemeine Beste.

...

Artikel 155

Die Verteilung und Nutzung des Bodens wird von Staats wegen in einer Weise überwacht, die Mißbrauch verhütet und dem Ziele zustrebt, jedem Deutschen eine gesunde Wohnung und allen deutschen Familien, besonders den kinderreichen, eine ihren

Bedürfnissen entsprechende Wohn- und Wirtschaftsheimstätte zu sichern. Kriegsteilnehmer sind bei dem zu schaffenden Heimstättenrecht besonders zu berücksichtigen.

Grundbesitz, dessen Erwerb zur Befriedung des Wohnungsbedürfnisses, zur Förderung der Siedlung und Urbarmachung und zur Hebung der Landwirtschaft nötig ist, kann enteignet werden. Die Fideikommisse sind aufzulösen.

Die Bearbeitung und Ausnutzung des Bodens ist eine Pflicht des Grundbesitzers gegenüber der Gemeinschaft. Die Wertsteigerung des Bodens, die ohne eine Arbeits- oder Kapitalaufwendung auf das Grundstück entsteht, ist für die Gesamtheit nutzbar zu machen.

Alle Bodenschätze und alle wirtschaftlich nutzbaren Naturkräfte stehen unter Aufsicht des Staates.

Private Regale sind im Wege der Gesetzgebung auf den Staat zu überführen.

…

Artikel **157**
Die Arbeitskraft steht unter dem besonderen Schutz des Reichs. Das Reich schafft ein einheitliches Arbeitsrecht.

Artikel **158**
Die geistige Arbeit, das Recht der Urheber, der Erfinder und der Künstler genießt den Schutz und die Fürsorge des Reichs. Den Schöpfungen deutscher Wissenschaft, Kunst und Technik ist durch zwischenstaatliche Vereinbarung auch im Ausland Geltung und Schutz zu verschaffen.

Artikel **159**
Die Vereinigungsfreiheit zur Wahrung und Förderung der Arbeits- und Wirtschaftsbedingungen ist für jedermann und für alle Berufe gewährleistet. Alle Abreden und Maßnahmen, welche diese

Freiheit einzuschränken oder zu behindern suchen, sind rechtswidrig.

Artikel **160**

Wer in einem Dienst- oder Arbeitsverhältnis als Angestellter oder Arbeiter steht, hat das Recht auf die zur Wahrnehmung staatsbürgerlicher Rechte und, soweit dadurch der Betrieb nicht erheblich geschädigt wird, zur Ausübung ihm übertragener öffentlicher Ehrenämter nötige freie Zeit.
Wieweit ihm der Anspruch auf Vergütung erhalten bleibt, bestimmt das Gesetz.

Artikel **161**

Zur Erhaltung der Gesundheit und Arbeitsfähigkeit, zum Schutz der Mutterschaft und zur Vorsorge gegen die wirtschaftlichen Folgen von Alter, Schwäche und Wechselfällen des Lebens schafft das Reich ein umfassendes Versicherungswesen unter maßgebender Mitwirkung der Versicherten.

Artikel **162**

Das Reich tritt für eine zwischenstaatliche Regelung der Rechtsverhältnisse der Arbeiter ein, die für die gesamte arbeitende Klasse der Menschheit ein allgemeines Mindestmaß der sozialen Rechte erstrebt.

Artikel **163**

Jeder Deutsche hat unbeschadet seiner persönlichen Freiheit die sittliche Pflicht, seine geistigen und körperlichen Kräfte so zu betätigen, wie es das Wohl der Gesamtheit erfordert.
Jedem Deutschen soll die Möglichkeit gegeben werden, durch wirtschaftliche Arbeit seinen Unterhalt zu erwerben. Soweit ihm angemessene Arbeitsgelegenheit nicht nachgewiesen werden kann, wird für seinen notwendigen Unterhalt gesorgt. Das Nähere wird durch besondere Reichsgesetze bestimmt.

Artikel **164**
Der selbständige Mittelstand in Landwirtschaft, Gewerbe und Handel ist in Gesetzgebung und Verwaltung zu fördern und gegen Überlastung und Aufsaugung zu schützen.

Artikel **165**
Die Arbeiter und Angestellten sind dazu berufen, gleichberechtigt in Gemeinschaft mit den Unternehmern an der Regelung der Lohn- und Arbeitsbedingungen sowie an der gesamten wirtschaftlichen Entwicklung der produktiven Kräfte mitzuwirken.
Die beiderseitigen Organisationen und ihre Vereinbarungen werden anerkannt.
Die Arbeiter und Angestellten erhalten zur Wahrnehmung ihrer sozialen und wirtschaftlichen Interessen gesetzliche Vertretungen in Betriebsarbeiterräten sowie in nach Wirtschafts-gebieten gegliederten Bezirksarbeiterräten und in einem Reichsarbeiterrat.
Die Bezirksarbeiterräte und der Reichsarbeiterrat treten zur Erfüllung der gesamten wirtschaftlichen Aufgaben und zur Mitwirkung bei der Ausführung der Sozialisierungsgesetze mit den Vertretungen der Unternehmer und sonst beteiligter Volkskreise zu Bezirkswirtschaftsräten und zu einem Reichswirtschaftsrat zusammen. Die Bezirkswirtschaftsräte und der Reichswirtschafts-rat sind so zu gestalten, daß alle wichtigen Berufsgruppen entsprechend ihrer wirtschaftlichen und sozialen Bedeutung darin vertreten sind.
Sozialpolitische und wirtschaftliche Gesetzentwürfe von grund-legender Bedeutung sollen von der Reichsregierung vor ihrer Einbringung dem Reichswirtschaftsrat zur Begutachtung vorge-legt werden. Der Reichswirtschaftsrat hat das Recht, selbst solche Gesetzesvorlagen zu beantragen. Stimmt ihnen die Reichs-regierung nicht zu, so hat sie trotzdem die Vorlage unter Darlegung ihres Standpunkts beim Reichstag einzubringen. Der

Reichswirtschaftsrat kann die Vorlage durch eines seiner Mitglieder vor dem Reichstag vertreten lassen.

Den Arbeiter- und Wirtschaftsräten können auf den ihnen überwiesenen Gebieten Kontroll- und Verwaltungsbefugnisse übertragen werden.

Aufbau und Aufgabe der Arbeiter- und Wirtschaftsräte sowie ihr Verhältnis zu anderen sozialen Selbstverwaltungskörpern zu regeln, ist ausschließlich Sache des Reichs.

Die deutsche Reichsverfassung löste damit das bereits am 18.07.1990 *hoheitsrechtlich erloschene* Grundgesetz der Bundesrepublik Deutschland ab,

d.h. es existiert in seiner Form als Besatzungsstatut für die BRD weiter (s. im Buch *„Ein hoheitlicher Rechtsweg"*).

Entgegen der landläufigen Meinung das Grundgesetz sei eine Verfassung, herrschen hierzulande weiter wirre, gar gewalteinnehmende Rechtzustände unter Anwendung Handelsrechtmechanismen entgegen Gleichstellung und Menschlichkeit.

Folgende **übergeordnete Grundrechte,** aus EU- und UN-Charta Grundrechte, sollen einen für Menschen brauchbaren Schutz sorgen, für den jedoch jeder selbst verantwortlich ist und im Bedarfsfall dafür einstehen und betreiben muss.

Charta der Grundrechte der Europäischen Union

Geschehen zu Nizza am siebten Dezember zweitausend, aktualisierte Fassung vom 26. Oktober 2012:

FEIERLICHE PROKLAMATION

Das Europäische Parlament, der Rat und die Kommission proklamieren feierlich den nachstehenden Text als Charta der Grundrechte der Europäischen Union.

PRÄAMBEL

Die Völker Europas sind entschlossen, auf der Grundlage gemeinsamer Werte eine friedliche Zukunft zu teilen, indem sie sich zu einer immer engeren Union verbinden.

In dem Bewusstsein ihres geistig-religiösen und sittlichen Erbes gründet sich die Union auf die unteilbaren und universellen Werte der Würde des Menschen, der Freiheit, der Gleichheit und der Solidarität.

Sie beruht auf den Grundsätzen der Demokratie und der Rechtsstaatlichkeit. Sie stellt die Person in den Mittelpunkt ihres Handelns, indem sie die Unionsbürgerschaft und einen Raum der Freiheit, der Sicherheit und des Rechts begründet.

Die Union trägt zur Erhaltung und zur Entwicklung dieser gemeinsamen Werte unter Achtung der Vielfalt der Kulturen und Traditionen der Völker Europas sowie der nationalen Identität der Mitgliedstaaten und der Organisation ihrer staatlichen Gewalt auf nationaler, regionaler und lokaler Ebene bei.

Sie ist bestrebt, eine ausgewogene und nachhaltige Entwicklung zu fördern und stellt den freien Personen-, Waren-, Dienstleistungs- und Kapitalverkehr sowie die Niederlassungsfreiheit sicher.

Zu diesem Zweck ist es notwendig, angesichts der Weiterentwicklung der Gesellschaft, des sozialen Fortschritts und der wissenschaftlichen und technologischen Entwicklungen den Schutz der Grundrechte zu stärken, indem sie in einer Charta sichtbarer gemacht werden.

Diese Charta bekräftigt unter Achtung der Zuständigkeiten und Aufgaben der Gemeinschaft und der Union und des Subsidiaritätsprinzips die Rechte, die sich vor allem aus den gemeinsamen Verfassungstraditionen und den gemeinsamen internationalen Verpflichtungen der Mitgliedstaaten, aus dem Vertrag über die Europäische Union und den Gemeinschaftsverträgen, aus der Europäischen Konvention zum Schutze der Menschenrechte und Grundfreiheiten, aus den von der Gemeinschaft und dem Europarat beschlossenen Sozialchartas sowie aus der Rechtsprechung des Gerichtshofs der Europäischen Gemeinschaften und des Europäischen Gerichtshofs für Menschenrechte ergeben.

Die Ausübung dieser Rechte ist mit Verantwortlichkeiten und Pflichten sowohl gegenüber den Mitmenschen als auch gegenüber der menschlichen Gemeinschaft und den künftigen Generationen verbunden.

Daher erkennt die Union die nachstehend aufgeführten Rechte, Freiheiten und Grundsätze an.

KAPITEL I - WÜRDE DES MENSCHEN

Artikel 1
Würde des Menschen
Die Würde des Menschen ist unantastbar. Sie ist zu achten und zu schützen.

Artikel 2
Recht auf Leben
(1) Jede Person hat das Recht auf Leben.
(2) Niemand darf zur Todesstrafe verurteilt oder hingerichtet werden.

Artikel 3
Recht auf Unversehrtheit
(1) Jede Person hat das Recht auf körperliche und geistige Unversehrtheit.
(2) Im Rahmen der Medizin und der Biologie muss insbesondere Folgendes beachtet werden:
- die freie Einwilligung der betroffenen Person nach vorheriger Aufklärung entsprechend den gesetzlich festgelegten Modalitäten,
- das Verbot eugenischer Praktiken, insbesondere derjenigen, welche die Selektion von Personen zum Ziel haben,
- das Verbot, den menschlichen Körper und Teile davon als solche zur Erzielung von Gewinnen zu nutzen,
- das Verbot des reproduktiven Klonens von Menschen.

Artikel 4
Verbot der Folter und unmenschlicher oder erniedrigender Strafe oder Behandlung
Niemand darf der Folter oder unmenschlicher oder erniedrigender Strafe oder Behandlung unterworfen werden.

Artikel 5 – siehe IAO-Abkommen Nr. 29
Verbot der Sklaverei und der Zwangsarbeit
(1) Niemand darf in Sklaverei oder Leibeigenschaft gehalten werden.
(2) Niemand darf gezwungen werden, Zwangs- oder Pflichtarbeit zu verrichten.
(3) Menschenhandel ist verboten.

KAPITEL II - FREIHEITEN

Artikel 6
Recht auf Freiheit und Sicherheit
Jede Person hat das Recht auf Freiheit und Sicherheit.

Artikel 7
Achtung des Privat- und Familienlebens
Jede Person hat das Recht auf Achtung ihres Privat- und Familienlebens, ihrer Wohnung sowie ihrer Kommunikation.

Artikel 8
Schutz personenbezogener Daten
(1) Jede Person hat das Recht auf Schutz der sie betreffenden personenbezogenen Daten.
(2) Diese Daten dürfen nur nach Treu und Glauben für festgelegte Zwecke und mit Einwilligung der betroffenen Person oder auf einer sonstigen gesetzlich geregelten legitimen Grundlage verarbeitet werden.
Jede Person hat das Recht, Auskunft über die sie betreffenden erhobenen Daten zu erhalten und die Berichtigung der Daten zu erwirken.
(3) Die Einhaltung dieser Vorschriften wird von einer unabhängigen Stelle überwacht.

Artikel 9
Recht, eine Ehe einzugehen und eine Familie zu gründen
Das Recht, eine Ehe einzugehen, und das Recht, eine Familie zu gründen, werden nach den einzelstaatlichen Gesetzen gewährleistet, welche die Ausübung dieser Rechte regeln.

Artikel 10
Gedanken-, Gewissens- und Religionsfreiheit
(1) Jede Person hat das Recht auf Gedanken-, Gewissens- und Religionsfreiheit. Dieses Recht umfasst die Freiheit, seine Religion oder Weltanschauung zu wechseln, und die Freiheit, seine Religion oder Weltanschauung einzeln oder gemeinsam mit anderen öffentlich oder privat durch Gottesdienst, Unterricht, Bräuche und Riten zu bekennen.
(2) Das Recht auf Wehrdienstverweigerung aus Gewissensgründen wird nach den einzelstaatlichen Gesetzen anerkannt, welche die Ausübung dieses Rechts regeln.

Artikel 11
Freiheit der Meinungsäußerung und Informationsfreiheit
(1) Jede Person hat das Recht auf freie Meinungsäußerung. Dieses Recht schließt die Meinungsfreiheit und die Freiheit ein, Informationen und Ideen ohne behördliche Eingriffe und ohne Rücksicht auf Staatsgrenzen zu empfangen und weiterzugeben.
(2) Die Freiheit der Medien und ihre Pluralität werden geachtet.

Artikel 12
Versammlungs- und Vereinigungsfreiheit
(1) Jede Person hat das Recht, sich insbesondere im politischen, gewerkschaftlichen und zivilgesellschaftlichen Bereich auf allen Ebenen frei und friedlich mit anderen zu versammeln und frei mit anderen zusammenzuschließen, was das Recht jeder Person umfasst, zum Schutz ihrer Interessen Gewerkschaften zu gründen und Gewerkschaften beizutreten.
(2) Politische Parteien auf der Ebene der Union tragen dazu bei, den politischen Willen der Unionsbürgerinnen und Unionsbürger zum Ausdruck zu bringen.

Artikel 13

Freiheit von Kunst und Wissenschaft

Kunst und Forschung sind frei. Die akademische Freiheit wird geachtet.

Artikel 14

Recht auf Bildung

(1) Jede Person hat das Recht auf Bildung sowie auf Zugang zur beruflichen Ausbildung und Weiterbildung.

(2) Dieses Recht umfasst die Möglichkeit, unentgeltlich am Pflichtschulunterricht teilzunehmen.

(3) Die Freiheit zur Gründung von Lehranstalten unter Achtung der demokratischen Grundsätze sowie das Recht der Eltern, die Erziehung und den Unterricht ihrer Kinder entsprechend ihren eigenen religiösen, weltanschaulichen und erzieherischen Über-zeugungen sicherzustellen, werden nach den einzelstaatlichen Gesetzen geachtet, welche ihre Ausübung regeln.

Artikel 15

Berufsfreiheit und Recht zu arbeiten

(1) Jede Person hat das Recht, zu arbeiten und einen frei gewählten oder angenommenen Beruf auszuüben.

(2) Alle Unionsbürgerinnen und Unionsbürger haben die Freiheit, in jedem Mitgliedstaat Arbeit zu suchen, zu arbeiten, sich niederzulassen oder Dienstleistungen zu erbringen.

(3) Die Staatsangehörigen dritter Länder, die im Hoheitsgebiet der Mitgliedstaaten arbeiten dürfen, haben Anspruch auf Arbeitsbe-dingungen, die denen der Unionsbürgerinnen und Unionsbürger entsprechen.

Artikel 16

Unternehmerische Freiheit

Die unternehmerische Freiheit wird nach dem Gemeinschafts-recht und den einzelstaatlichen Rechtsvorschriften und Gepflogenheiten anerkannt.

Artikel 17
Eigentumsrecht

(1) Jede Person hat das Recht, ihr rechtmäßig erworbenes Eigentum zu besitzen, zu nutzen, darüber zu verfügen und es zu vererben. Niemandem darf sein Eigentum entzogen werden, es sei denn aus Gründen des öffentlichen Interesses in den Fällen und unter den Bedingungen, die in einem Gesetz vorgesehen sind, sowie gegen eine rechtzeitige angemessene Entschädig-ung für den Verlust des Eigentums.
Die Nutzung des Eigentums kann gesetzlich geregelt werden, soweit dies für das Wohl der Allgemeinheit erforderlich ist.
(2) Geistiges Eigentum wird geschützt.

Artikel 18
Asylrecht

Das Recht auf Asyl wird nach Maßgabe des Genfer Abkommens vom 28. Juli 1951 und des Protokolls vom 31. Januar 1967 über die Rechtsstellung der Flüchtlinge sowie gemäß dem Vertrag zur Gründung der Europäischen Gemeinschaft gewährleistet.

Artikel 19
Schutz bei Abschiebung, Ausweisung und Auslieferung

(1) Kollektivausweisungen sind nicht zulässig.
(2) Niemand darf in einen Staat abgeschoben oder ausgewiesen oder an einen Staat ausgeliefert werden, in dem für sie oder ihn das ernsthafte Risiko der Todesstrafe, der Folter oder einer anderen unmenschlichen oder erniedrigenden Strafe oder Behandlung besteht.

KAPITEL III - GLEICHHEIT

Artikel 20
Gleichheit vor dem Gesetz
Alle Personen sind vor dem Gesetz gleich.

Artikel 21
Nichtdiskriminierung
(1) Diskriminierungen, insbesondere wegen des Geschlechts, cer Rasse, der Hautfarbe, der ethnischen oder sozialen Herkunft, cer genetischen Merkmale, der Sprache, der Religion oder cer Weltanschauung, der politischen oder sonstigen Anschauung, cer Zugehörigkeit zu einer nationalen Minderheit, des Vermögens, cer Geburt, einer Behinderung, des Alters oder der sexuellen Ausrichtung, sind verboten.
(2) Im Anwendungsbereich des Vertrags zur Gründung cer Europäischen Gemeinschaft und des Vertrags über die Europäische Union ist unbeschadet der besonderen Bestimmungen dieser Verträge jede Diskriminierung aus Gründen cer Staatsangehörigkeit verboten.

Artikel 22
Vielfalt der Kulturen, Religionen und Sprachen
Die Union achtet die Vielfalt der Kulturen, Religionen und Sprachen.

Artikel 23
Gleichheit von Männern und Frauen
Die Gleichheit von Männern und Frauen ist in allen Bereichen, einschließlich der Beschäftigung, der Arbeit und des Arbeitsentgelts, sicherzustellen.
Der Grundsatz der Gleichheit steht der Beibehaltung oder der Einführung spezifischer Vergünstigungen für das unterrepräsentierte Geschlecht nicht entgegen.

Artikel 24

Rechte des Kindes

(1) Kinder haben Anspruch auf den Schutz und die Fürsorge, die für ihr Wohlergehen notwendig sind. Sie können ihre Meinung frei äußern. Ihre Meinung wird in den Angelegenheiten, die sie betreffen, in einer ihrem Alter und ihrem Reifegrad entsprechenden Weise berücksichtigt.

(2) Bei allen Kinder betreffenden Maßnahmen öffentlicher oder privater Einrichtungen muss das Wohl des Kindes eine vorrangige Erwägung sein.

(3) Jedes Kind hat Anspruch auf regelmäßige persönliche Beziehungen und direkte Kontakte zu beiden Elternteilen, es sei denn, dies steht seinem Wohl entgegen.

Artikel 25

Rechte älterer Menschen

Die Union anerkennt und achtet das Recht älterer Menschen auf ein würdiges und unabhängiges Leben und auf Teilnahme am sozialen und kulturellen Leben.

Artikel 26

Integration von Menschen mit Behinderung

Die Union anerkennt und achtet den Anspruch von Menschen mit Behinderung auf Maßnahmen zur Gewährleistung ihrer Eigenständigkeit, ihrer sozialen und beruflichen Eingliederung und ihrer Teilnahme am Leben der Gemeinschaft.

KAPITEL IV - SOLIDARITÄT

Artikel 27

Recht auf Unterrichtung und Anhörung der Arbeitnehmerinnen und Arbeitnehmer im Unternehmen

Für die Arbeitnehmerinnen und Arbeitnehmer oder ihre Vertreter muss auf den geeigneten Ebenen eine rechtzeitige Unterrichtung und Anhörung in den Fällen und unter den Voraussetzungen gewährleistet sein, die nach dem Gemeinschaftsrecht und den einzelstaatlichen Rechtsvorschriften und Gepflogenheiten vorgesehen sind.

Artikel 28
Recht auf Kollektivverhandlungen und Kollektivmaßnahmen

Die Arbeitnehmerinnen und Arbeitnehmer sowie die Arbeitgeberinnen und Arbeitgeber oder ihre jeweiligen Organisationen haben nach dem Gemeinschaftsrecht und den einzelstaatlichen Rechtsvorschriften und Gepflogenheiten das Recht, Tarifverträge auf den geeigneten Ebenen auszuhandeln und zu schließen sowie bei Interessenkonflikten kollektive Maßnahmen zur Verteidigung ihrer Interessen, einschließlich Streiks, zu ergreifen.

Artikel 29
Recht auf Zugang zu einem Arbeitsvermittlungsdienst

Jede Person hat das Recht auf Zugang zu einem unentgeltlichen Arbeitsvermittlungsdienst.

Artikel 30
Schutz bei ungerechtfertigter Entlassung

Jede Arbeitnehmerin und jeder Arbeitnehmer hat nach dem Gemeinschaftsrecht und den einzelstaatlichen Rechtsvorschriften und Gepflogenheiten Anspruch auf Schutz vor ungerechtfertigter Entlassung.

Artikel 31
Gerechte und angemessene Arbeitsbedingungen

(1) Jede Arbeitnehmerin und jeder Arbeitnehmer hat das Recht auf gesunde, sichere und würdige Arbeitsbedingungen.

(2) Jede Arbeitnehmerin und jeder Arbeitnehmer hat das Recht auf eine Begrenzung der Höchstarbeitszeit, auf tägliche und wöchentliche Ruhezeiten sowie auf bezahlten Jahresurlaub.

Artikel 32

Verbot der Kinderarbeit und Schutz der Jugendlichen am Arbeitsplatz

Kinderarbeit ist verboten. Unbeschadet günstigerer Vorschriften für Jugendliche und abgesehen von begrenzten Ausnahmen darf das Mindestalter für den Eintritt in das Arbeitsleben das Alter, in dem die Schulpflicht endet, nicht unterschreiten.

Zur Arbeit zugelassene Jugendliche müssen ihrem Alter angepasste Arbeitsbedingungen erhalten und vor wirtschaftlicher Ausbeutung und vor jeder Arbeit geschützt werden, die ihre Sicherheit, ihre Gesundheit, ihre körperliche, geistige, sittliche oder soziale Entwicklung beeinträchtigen oder ihre Erziehung gefährden könnte.

Artikel 33

Familien- und Berufsleben

(1) Der rechtliche, wirtschaftliche und soziale Schutz der Familie wird gewährleistet.

(2) Um Familien- und Berufsleben miteinander in Einklang bringen zu können, hat jede Person das Recht auf Schutz vor Entlassung aus einem mit der Mutterschaft zusammenhängenden Grund sowie den Anspruch auf einen bezahlten Mutterschaftsurlaub und auf einen Elternurlaub nach der Geburt oder Adoption eines Kindes.

Artikel 34

Soziale Sicherheit und soziale Unterstützung

(1) Die Union anerkennt und achtet das Recht auf Zugang zu den Leistungen der sozialen Sicherheit und zu den sozialen Diensten, die in Fällen wie Mutterschaft, Krankheit, Arbeitsunfall,

Pflegebedürftigkeit oder im Alter sowie bei Verlust des Arbeits- platzes Schutz gewährleisten, nach Maßgabe des Gemein- schaftsrechts und der einzelstaatlichen Rechtsvorschriften und Gepflogenheiten.

(2) Jede Person, die in der Union ihren rechtmäßigen Wohnsitz hat und ihren Aufenthalt rechtmäßig wechselt, hat Anspruch auf die Leistungen der sozialen Sicherheit und die sozialen Vergünstigungen nach dem Gemeinschaftsrecht und den einzelstaatlichen Rechtsvorschriften und Gepflogenheiten.

(3) Um die soziale Ausgrenzung und die Armut zu bekämpfen, anerkennt und achtet die Union das Recht auf eine soziale Unterstützung und eine Unterstützung für die Wohnung, die allen, die nicht über ausreichende Mittel verfügen, ein menschen- würdiges Dasein sicherstellen sollen, nach Maßgabe des Gemein- schaftsrechts und der einzelstaatlichen Rechtsvorschriften und Gepflogenheiten.

Artikel 35

Gesundheitsschutz

Jede Person hat das Recht auf Zugang zur Gesundheitsvorsorge und auf ärztliche Versorgung nach Maßgabe der einzel- staatlichen Rechtsvorschriften und Gepflogenheiten. Bei der Festlegung und Durchführung aller Politiken und Maßnahmen der Union wird ein hohes Gesundheitsschutzniveau sicher-gestellt.

Artikel 36

Zugang zu Dienstleistungen von allgemeinem wirtschaft- lichen Interesse

Die Union anerkennt und achtet den Zugang zu Dienstleistungen von allgemeinem wirtschaftlichen Interesse, wie er durch die einzelstaatlichen Rechtsvorschriften und Gepflogenheiten im Einklang mit dem Vertrag zur Gründung der Europäischen Gemeinschaft geregelt ist, um den sozialen und territorialen Zusammenhalt der Union zu fördern.

Artikel 37

Umweltschutz

Ein hohes Umweltschutzniveau und die Verbesserung der Umweltqualität müssen in die Politiken der Union einbezogen und nach dem Grundsatz der nachhaltigen Entwicklung sichergestellt werden.

Artikel 38

Verbraucherschutz

Die Politiken der Union stellen ein hohes Verbraucherschutz-niveau sicher.

KAPITEL V - BÜRGERRECHTE

Artikel 39

Aktives und passives Wahlrecht bei den Wahlen zum Europäischen Parlament

(1) Die Unionsbürgerinnen und Unionsbürger besitzen in dem Mitgliedstaat, in dem sie ihren Wohnsitz haben, das aktive und passive Wahlrecht bei den Wahlen zum Europäischen Parlament, wobei für sie dieselben Bedingungen gelten wie für die Angehörigen des betreffenden Mitgliedstaats.

(2) Die Mitglieder des Europäischen Parlaments werden in allgemeiner, unmittelbarer, freier und geheimer Wahl gewählt.

Artikel 40

Aktives und passives Wahlrecht bei den Kommunalwahlen

Die Unionsbürgerinnen und Unionsbürger besitzen in dem Mitgliedstaat, in dem sie ihren Wohnsitz haben, das aktive und passive Wahlrecht bei Kommunalwahlen, wobei für sie dieselben Bedingungen gelten wie für die Angehörigen des betreffenden Mitgliedstaats.

Artikel 41
Recht auf eine gute Verwaltung
(1) Jede Person hat ein Recht darauf, dass ihre Angelegenheiten von den Organen und Einrichtungen der Union unparteiisch, gerecht und innerhalb einer angemessenen Frist behandelt werden.
(2) Dieses Recht umfasst insbesondere
- das Recht einer jeden Person, gehört zu werden, bevor ihr gegenüber eine für sie nachteilige individuelle Maßnahme getroffen wird;
- das Recht einer jeden Person auf Zugang zu den sie betreffenden Akten unter Wahrung des legitimen Interesses der Vertraulichkeit sowie des Berufs- und Geschäftsgeheimnisses;
- die Verpflichtung der Verwaltung, ihre Entscheidungen zu begründen.
(3) Jede Person hat Anspruch darauf, dass die Gemeinschaft den durch ihre Organe oder Bediensteten in Ausübung ihrer Amtstätigkeit verursachten Schaden nach den allgemeinen Rechtsgrundsätzen ersetzt, die den Rechtsordnungen der Mitgliedstaaten gemeinsam sind.
(4) Jede Person kann sich in einer der Sprachen der Verträge an die Organe der Union wenden und muss eine Antwort in derselben Sprache erhalten.

Artikel 42
Recht auf Zugang zu Dokumenten
Die Unionsbürgerinnen und Unionsbürger sowie jede natürliche oder juristische Person mit Wohnsitz oder satzungsmäßigem Sitz in einem Mitgliedstaat haben das Recht auf Zugang zu den Dokumenten des Europäischen Parlaments, des Rates und der Kommission.

Artikel 43
Der Bürgerbeauftragte

Die Unionsbürgerinnen und Unionsbürger sowie jede natürliche oder juristische Person mit Wohnsitz oder satzungsmäßigem Sitz in einem Mitgliedstaat haben das Recht, den Bürgerbeauftragten der Union im Fall von Missständen bei der Tätigkeit der Organe und Einrichtungen der Gemeinschaft, mit Ausnahme des Gerichtshofs und des Gerichts erster Instanz in Ausübung ihrer Rechtsprechungsbefugnisse, zu befassen.

Artikel 44

Petitionsrecht

Die Unionsbürgerinnen und Unionsbürger sowie jede natürliche oder juristische Person mit Wohnsitz oder satzungsmäßigem Sitz in einem Mitgliedstaat haben das Recht, eine Petition an das Europäische Parlament zu richten.

Artikel 45

Freizügigkeit und Aufenthaltsfreiheit

(1) Die Unionsbürgerinnen und Unionsbürger haben das Recht, sich im Hoheitsgebiet der Mitgliedstaaten frei zu bewegen und aufzuhalten.

(2) Staatsangehörigen dritter Länder, die sich rechtmäßig im Hoheitsgebiet eines Mitgliedstaats aufhalten, kann gemäß dem Vertrag zur Gründung der Europäischen Gemeinschaft Freizügigkeit und Aufenthaltsfreiheit gewährt werden.

Artikel 46

Diplomatischer und konsularischer Schutz

Die Unionsbürgerinnen und Unionsbürger genießen im Hoheitsgebiet eines Drittlandes, in dem der Mitgliedstaat, dessen Staatsangehörigkeit sie besitzen, nicht vertreten ist, den Schutz der diplomatischen und konsularischen Stellen eines jeden Mitgliedstaats unter denselben Bedingungen wie Staatsangehörige dieses Staates.

KAPITEL VI - JUSTIZIELLE RECHTE

Artikel 47

Recht auf einen wirksamen Rechtsbehelf und ein unpartei-isches Gericht

Jede Person, deren durch das Recht der Union garantierte Rechte oder Freiheiten verletzt worden sind, hat das Recht, nach Maßgabe der in diesem Artikel vorgesehenen Bedingungen bei einem Gericht einen wirksamen Rechtsbehelf einzulegen.

Jede Person hat ein Recht darauf, dass ihre Sache von einem unabhängigen, unparteiischen und zuvor durch Gesetz errichteten Gericht in einem fairen Verfahren, öffentlich und innerhalb angemessener Frist verhandelt wird. Jede Person kann sich beraten, verteidigen und vertreten lassen.

Personen, die nicht über ausreichende Mittel verfügen, wird Prozesskostenhilfe bewilligt, soweit diese Hilfe erforderlich ist, um den Zugang zu den Gerichten wirksam zu gewährleisten.

Artikel 48

Unschuldsvermutung und Verteidigungsrechte

(1) Jede angeklagte Person gilt bis zum rechtsförmlich erbrachten Beweis ihrer Schuld als unschuldig.

(2) Jeder angeklagten Person wird die Achtung der Verteidigungsrechte gewährleistet.

Artikel 49

Grundsätze der Gesetzmäßigkeit und der Verhältnismäßigkeit im Zusammenhang mit Straftaten und Strafen

(1) Niemand darf wegen einer Handlung oder Unterlassung verurteilt werden, die zur Zeit ihrer Begehung nach innerstaatlichem oder internationalem Recht nicht strafbar war. Es darf auch keine schwerere Strafe als die zur Zeit der Begehung angedrohte

Strafe verhängt werden. Wird nach Begehung einer Straftat durch Gesetz eine mildere Strafe eingeführt, so ist diese zu verhängen.

(2) Dieser Artikel schließt nicht aus, dass eine Person wegen einer Handlung oder Unterlassung verurteilt oder bestraft wird, die zur Zeit ihrer Begehung nach den allgemeinen, von der Gesamtheit der Nationen anerkannten Grundsätzen strafbar war.

(3) Das Strafmaß darf gegenüber der Straftat nicht unverhältnismäßig sein.

Artikel 50

Recht, wegen derselben Straftat nicht zweimal strafrechtlich verfolgt oder bestraft zu werden

Niemand darf wegen einer Straftat, derentwegen er bereits in der Union nach dem Gesetz rechtskräftig verurteilt oder freigesprochen worden ist, in einem Strafverfahren erneut verfolgt oder bestraft werden.

KAPITEL VII - ALLGEMEINE BESTIMMUNGEN

Artikel 51

Anwendungsbereich

(1) Diese Charta gilt für die Organe und Einrichtungen der Union unter Einhaltung des Subsidiaritätsprinzips und für die Mitgliedstaaten ausschließlich bei der Durchführung des Rechts der Union. Dementsprechend achten sie die Rechte, halten sie sich an die Grundsätze und fördern sie deren Anwendung gemäß ihren jeweiligen Zuständigkeiten.

(2) Diese Charta begründet weder neue Zuständigkeiten noch neue Aufgaben für die Gemeinschaft und für die Union, noch ändert sie die in den Verträgen festgelegten Zuständigkeiten und Aufgaben.

Artikel 52

Tragweite der garantierten Rechte

(1) Jede Einschränkung der Ausübung der in dieser Charta anerkannten Rechte und Freiheiten muss gesetzlich vorgesehen sein und den Wesensgehalt dieser Rechte und Freiheiten achten. Unter Wahrung des Grundsatzes der Verhältnismäßigkeit dürfen Einschränkungen nur vorgenommen werden, wenn sie notwendig sind und den von der Union anerkannten dem Gemeinwohl dienenden Zielsetzungen oder den Erfordernissen des Schutzes der Rechte und Freiheiten anderer tatsächlich entsprechen.

(2) Die Ausübung der durch diese Charta anerkannten Rechte, die in den Gemeinschaftsverträgen oder im Vertrag über die Europäische Union begründet sind, erfolgt im Rahmen der darin festgelegten Bedingungen und Grenzen.

(3) So weit diese Charta Rechte enthält, die den durch die Europäische Konvention zum Schutze der Menschenrechte und Grundfreiheiten garantierten Rechten entsprechen, haben sie die gleiche Bedeutung und Tragweite, wie sie ihnen in der genannten Konvention verliehen wird. Diese Bestimmung steht dem nicht entgegen, dass das Recht der Union einen weiter gehenden Schutz gewährt.

Artikel 53

Schutzniveau

Keine Bestimmung dieser Charta ist als eine Einschränkung oder Verletzung der Menschenrechte und Grundfreiheiten auszulegen, die in dem jeweiligen Anwendungsbereich durch das Recht der Union und das Völkerrecht sowie durch die internationalen Übereinkommen, bei denen die Union, die Gemeinschaft oder alle Mitgliedstaaten Vertragsparteien sind, darunter insbesondere die Europäische Konvention zum Schutze der Menschenrechte und Grundfreiheiten, sowie durch die Verfassungen der Mitgliedstaaten anerkannt werden.

Artikel 54

Verbot des Missbrauchs der Rechte

Keine Bestimmung dieser Charta ist so auszulegen, als begründe sie das Recht, eine Tätigkeit auszuüben oder eine Handlung vorzunehmen, die darauf abzielt, die in der Charta anerkannten Rechte und Freiheiten abzuschaffen oder sie stärker einzuschränken, als dies in der Charta vorgesehen ist.

Grundrechte europäischer Länder sind in Schutzrechte Vereinter Nationen eingebunden bzw. gehen aus ihnen hervor, um letztlich Verständigkeit und Frieden in der Welt aufrecht zu erhalten. Gesetze und Handelsrechte finden daher ihre Grenzen in allgemeinen Menschenrechten.

Nachfolgende Menschenrechtskonvention enthält generell einzuhaltende Grundsätze für BRD-Gesetze und Ordnungen und EU-Verordnungen sowie UN-Bestimmungen. Jeder Mann und jede Frau ist frei sich dieses Rechts bedienen und kann sich in allem Leben, ob im Privat-, Berufs- und Geschäftsleben darauf berufen.

Allgemeine Erklärung der Menschenrechte

UNO-Resolution 217 A (III) – Menschenrechtskonvention am 10. Dezember 1948 von den Vereinten Nationen übernommen

Präambel

• Da die Anerkennung der allen Mitgliedern der menschlichen Familie innewohnenden Würde und ihrer gleichen und unveräußerlichen Rechte die Grundlage der Freiheit, der Gerechtigkeit und des Friedens in der Welt bildet,

• Da Verkennung und Mißachtung der Menschenrechte zu Akten der Barbarei führten, die das Gewissen der Menschheit tief verletzt haben, und da die Schaffung einer Welt, in der den Menschen, frei von Furcht und Not, Rede- und Glaubensfreiheit zuteil wird, als das höchste Bestreben der Menschheit verkündet worden ist,

• Da es wesentlich ist, die Menschenrechte durch die Herrschaft des Rechtes zu schützen, damit der Mensch nicht zum Aufstand gegen Tyrannei und Unterdrückung als letztem Mittel gezwungen wird,

• Da es wesentlich ist, die Entwicklung freundschaftlicher Beziehungen zwischen den Nationen zu fördern,

• Da die Völker der Vereinten Nationen in der Satzung ihren Glauben an die grundlegenden Menschenrechte, an die Würde und den Wert der menschlichen Person und an die Gleichberechtigung von Mann und Frau erneut bekräftigt und beschlossen haben, den sozialen Fortschritt und bessere Lebensbedingungen bei größerer Freiheit zu fördern,

• Da die Mitgliedstaaten sich verpflichtet haben, in Zusammenarbeit mit den Vereinten Nationen die allgemeine Achtung und Verwirklichung der Menschenrechte und Grundfreiheiten durchzusetzen,

• Da eine gemeinsame Auffassung über diese Rechte und Freiheiten von größter Wichtigkeit für die volle Erfüllung dieser Verpflichtung ist, proklamiert die UNO-Generalversammlung diese Allgemeine Erklärung der Menschenrechte als das von allen Völkern und Nationen zu erreichende gemeinsame Ideal, damit jeder einzelne und alle Organe der Gesellschaft sich diese Erklärung stets gegenwärtig halten und sich bemühen, durch Unterricht und Erziehung die Achtung dieser Rechte und Freiheiten zu fördern und durch fortschreitende Maßnahmen im nationalen und internationalen Bereiche ihre allgemeine und tatsächliche Anerkennung und Verwirklichung bei der Bevölkerung sowohl der Mitgliedstaaten wie der ihrer Oberhoheit unterstehenden Gebiete zu gewährleisten.

Artikel 1
Alle Menschen sind frei und gleich an Würde und Rechten geboren. Sie sind mit Vernunft und Gewissen begabt und sollen einander im Geiste der Brüderlichkeit begegnen.

Artikel 2
Jedermann hat Anspruch auf die in dieser Erklärung proklamierten Rechte und Freiheiten ohne irgendeine Unterscheidung, wie etwa nach Rasse, Farbe, Geschlecht, Sprache, Religion, politischer oder sonstiger Überzeugung,

nationaler oder sozialer Herkunft, nach Vermögen, Geburt oder sonstigem Status.

Weiter darf keine Unterscheidung gemacht werden auf Grund der politischen, rechtlichen oder internationalen Stellung des Landes oder Gebietes, dem eine Person angehört, ohne Rücksicht, darauf, ob es unabhängig ist, unter Treuhandschaft steht, keine Selbstregierung besitzt oder irgendeiner anderen Beschränkung seiner Souveränität unterworfen ist.

Artikel 3
Jedermann hat das Recht auf Leben, Freiheit und Sicherheit der Person.

Artikel 4 – Anlage IAO-Übereinkommen 29.
Niemand darf in Sklaverei oder Leibeigenschaft gehalten werden; Sklaverei und Sklavenhandel sind in allen ihren Formen verboten.

Artikel 5 – Zusatzprotokoll Nr. 4
Niemand darf der Folter oder grausamer, unmenschlicher oder erniedrigender Behandlung oder Strafe unterworfen werden.

Artikel 6
Jedermann hat das Recht, überall als rechtsfähig anerkannt zu werden.

Artikel 7
Alle Menschen sind vor dem Gesetz gleich und haben ohne Diskriminierung Anspruch auf gleichen Schutz durch das Gesetz. Alle haben Anspruch auf gleichen Schutz gegen jede Diskriminierung, welche die vorliegende Erklärung verletzten würde, und gegen jede Aufreizung zu einer derartigen Diskriminierung.

Artikel 8

Jedermann hat Anspruch auf einen wirksamen Rechtsbehelf bei den zuständigen innerstaatlichen Gerichten gegen Handlungen, die seine ihm nach der Verfassung oder nach dem Gesetz zustehenden Grundrechte verletzen.

Artikel 9

Niemand darf willkürlich festgenommen, in Haft gehalten oder des Landes verwiesen werden.

Artikel 10

Jedermann hat in voller Gleichberechtigung Anspruch darauf, daß über seine Ansprüche und Verpflichtungen und über jede gegen ihn erhobene strafrechtliche Anklage durch ein unabhängiges und unparteiisches Gericht in billiger Weise und öffentlich verhandelt wird.

Artikel 11

1. Jeder wegen einer strafbaren Handlung Angeklagte hat Anspruch darauf, als unschuldig zu gelten, bis seine Schuld in einem öffentlichen Verfahren, in dem er alle für seine Verteidigung notwendigen Garantien gehabt hat, gemäß dem Gesetz nachgewiesen ist.

2. Niemand darf wegen einer Handlung oder Unterlassung verurteilt werden, die zur Zeit ihrer Begehung nach inländischem oder nach internationalem Recht nicht strafbar war. Ebenso darf keine schwerere Strafe als die im Zeitpunkt der Begehung der strafbaren Handlung angedrohte Strafe verhängt werden.

Artikel 12

Niemand darf willkürlichen Eingriffen in sein Privatleben, seine Familie, seine Wohnung und seinen Schriftverkehr oder rechtswidrigen Beeinträchtigungen seiner Ehe und seines Rufes ausgesetzt werden. Jedermann hat Anspruch auf rechtlichen Schutz gegen solche Eingriffe oder Beeinträchtigungen.

Artikel 13

1. Jedermann hat das Recht, sich innerhalb eines Staates frei zu bewegen und seinen Wohnsitz frei zu wählen.
2. Jedermann hat das Recht, jedes Land einschließlich seines eigenen zu verlassen und in sein Land zurückzukehren.

Artikel 14

1. Jedermann hat das Recht, in anderen Ländern vor Verfolgung Asyl zu suchen und zu genießen.
2. Dieses Recht kann im Fall einer Verfolgung wegen echter nichtpolitischer Verbrechen oder wegen Handlungen, die gegen die Ziele und Grundsätze der Vereinten Nationen verstoßen, nicht in Anspruch genommen werden.

Artikel 15

1. Jedermann hat Anspruch auf eine Staatsangehörigkeit.
2. Niemandem darf seine Staatsangehörigkeit willkürlich entzogen noch ihm das Recht versagt werden, seine Staatsangehörigkeit zu wechseln.

Artikel 16

1. Männer und Frauen im heiratsfähigen Alter haben ohne Beschränkung auf Grund der Rasse, der Staatsangehörigkeit oder der Religion das Recht, eine Ehe einzugehen und eine Familie zu gründen. Sie haben gleiche Rechte bei der Eheschließung, während der Ehe und bei Auflösung der Ehe.

2. Eine Ehe darf nur in freiem und vollen Einverständnis der künftigen Ehegatten geschlossen werden.

Artikel 17

1. Jedermann hat das Recht, allein oder in Gemeinschaft mit anderen Eigentum zu haben.
2. Niemand darf willkürlich seines Eigentums beraubt werden.

Artikel 18

Jedermann hat das Recht auf Gedanken-, Gewissens- und Religionsfreiheit; dieses Recht umfaßt die Freiheit, seine Religion oder seine Weltanschauung zu wechseln, sowie die Freiheit, seine Religion oder seine Weltanschauung allein oder in Gemeinschaft mit anderen, öffentlich oder privat durch Unterricht, Ausübung, Gottesdienst und Beachtung religiöser Bräuche zu bekunden.

Artikel 19

Jedermann hat das Recht auf Freiheit der Meinung und der Meinungsäußerung; dieses Recht umfaßt die unbehinderte Meinungsfreiheit und die Freiheit, ohne Rücksicht auf Staatsgrenzen Informationen und Gedankengut durch Mittel jeder Art sich zu beschaffen, zu empfangen und weiterzugeben.

Artikel 20

1. Jedermann hat das Recht auf Versammlungs- und Vereinigungsfreiheit zu friedlichen Zwecken.
2. Niemand darf gezwungen werden, einer Vereinigung anzugehören.

Artikel 21

1. Jedermann hat das Recht, an der Gestaltung der öffentlichen Angelegenheiten seines Landes unmittelbar oder durch frei gewählte Vertreter teilzunehmen.

2. Jedermann hat unter gleichen Bedingungen das Recht auf Zugang zu öffentlichen Ämtern in seinem Lande.

3. Der Wille des Volkes bildet die Grundlage für Autorität der öffentlichen Gewalt; dieser Wille muß durch wiederkehrende, echte, allgemeine und gleiche Wahlen zum Ausdruck kommen, die mit geheimer Stimmabgabe oder mit einem gleichwertigen freien Wahlverfahren stattfinden.

Artikel 22

Jedermann hat als Mitglied der Gesellschaft Recht auf soziale Sicherheit und hat Anspruch darauf, durch inner-staatliche Maßnahmen und internationale Zusammenarbeit unter Berücksichtigung der Organisation und der Hilfsmittel jedes Staates in den Genuß der für seine Würde und die freie Entwicklung seiner Persönlichkeit unentbehrlichen wirtschaftlichen, sozialen und kulturellen Rechte zu gelangen.

Artikel 23

1. Jedermann hat das Recht auf Arbeit, auf freie Berufswahl, auf angemessene und befriedigende Arbeitsbedingungen sowie auf Schutz gegen Arbeitslosigkeit.

2. Alle Menschen haben ohne jede Diskriminierung das Recht auf gleichen Lohn für gleiche Arbeit.

3. Jedermann, der arbeitet, hat das Recht auf gerechte und günstige Entlohnung, die ihm und seiner Familie eine der menschlichen Würde entsprechende Existenz sichert und die, wenn nötig, durch andere soziale Schutzmaßnahmen zu ergänzen ist.

4. Jedermann hat das Recht, zum Schutze seiner Interessen Gewerkschaften zu bilden und solchen beizutreten.

Artikel 24

Jedermann hat Recht auf Arbeitspausen und Freizeit einschließlich einer angemessenen Begrenzung der Arbeitszeit sowie auf regelmäßigen bezahlten Urlaub.

Artikel 25

1. Jedermann hat das Recht auf einen für die Gesundheit und das Wohlergehen von sich und seiner Familie angemessenen Lebensstandard, einschließlich ausreichender Ernährung, Bekleidung, Wohnung, ärztlicher Versorgung und notwendiger sozialer Leistungen, sowie ferner das Recht auf Sicherheit im Falle von Arbeitslosigkeit, Krankheit, Invalidität, Verwitwung, Alter oder von anderweitigem Verlust seiner Unterhaltsmittel durch unverschuldete Umstände.
2. Mütter und Kinder haben Anspruch auf besondere Hife und Unterstützung. Alle Kinder, eheliche und außereheliche, genießen den gleichen sozialen Schutz.

Artikel 26

1. Jedermann hat das Recht auf Bildung. Der Unterricht muß zum mindesten in der Elementar- und Grundstufe unentgeltlich sein. Der Elementarunterricht ist obligatorisch. Fach- und Berufsschulunterricht müssen allgemein verfügbar sein, und der Hochschulunterricht muß nach Maßgabe ihrer Fähigkeiten allen in gleicher Weise offen stehen.
2. Die Bildung muß auf die volle Entfaltung der menschlichen Persönlichkeit und auf die Stärkung der Achtung vor den Menschenrechten und Grundfreiheiten gerichtet sein. Sie muß Verständnis, Toleranz und Freundschaft zwischen allen Völkern und allen rassischen oder religiösen Gruppen fördern und die Tätigkeit der Vereinten Nationen zur Aufrechterhaltung des Friedens unterstützen.
3. Die Eltern haben ein vorrangiges Recht, die Art der Bildung zu wählen, die ihren Kindern zuteilwerden soll.

Artikel 27

1. Jedermann hat das Recht, am kulturellen Leben der Gemeinschaft frei teilzunehmen, sich an den Künsten zu erfreuen und am wissenschaftlichen Fortschritt und dessen Errungenschaften teilzuhaben.

2. Jedermann hat das Recht auf Schutz der geistigen und materiellen Interessen, die sich für ihn als Urheber von Werken der Wissenschaft, Literatur oder Kunst ergeben.

Artikel 28

Jedermann hat das Recht auf eine soziale und internationale Ordnung, in der die in dieser Erklärung ausgesprochenen Rechte und Freiheiten voll verwirklicht werden können.

Artikel 29

1. Jedermann hat Pflichten gegenüber der Gemeinschaft, in der allein die freie und volle Entwicklung seiner Persönlichkeit möglich ist.

2. Jedermann ist bei der Ausübung seiner Rechte und Freiheiten nur den Beschränkungen unterworfen, die das Gesetz ausschließlich zu dem Zweck vorsieht, die Anerkennung und Achtung der Rechte und Freiheiten anderer zu sichern und den gerechten Anforderungen der Moral, der öffentlichen Ordnung und des allgemeinen Wohles in einer demokratischen Gesellschaft zu genügen.

3. Diese Rechte und Freiheiten dürfen in keinem Fall im Widerspruch zu den Zielen und Grundsätzen der Vereinten Nationen ausgeübt werden.

Artikel 30

Nichts in dieser Erklärung darf dahin ausgelegt werden, daß es für einen Staat, eine Gruppe oder eine Person das Recht begründet, eine Tätigkeit auszuüben oder eine Handlung zu

begehen, die auf die Abschaffung der in dieser Erklärung ausgesprochenen Rechte und Freiheiten hinzielt.

Wichtige Anmerkung: In der BRD findet eine hintergründige Abspaltung von Menschenrechten durch die Verwendung des Begriffs „Personen" statt, dadurch sind sie nur bedingt anwendbar und können überstimmt werden indem nur Personennamen Anwendung finden, ohne hier vorrangig genannte Rechte und Interessen des Menschen zu berücksichtigen, dies führt zu unlauteren und oft zu rechtwidrigen Handlungsweisen, deren sich Personen = Menschen bewusstwerden müssen um **die Unveräußerlichkeit ihrer grundsätzlichen Rechte zu gewährleisten** und um sich aus dem Netzwerk von üblichen Recht- und Geschäftsmentalitäten zu befreien.

UNO / IAO-Übereinkommen 29:

Artikel 2

1. Als „Zwangs- oder Pflichtarbeit" im Sinne dieses Übereinkommens gilt jede Art von Arbeit oder Dienstleistung, die von einer Person unter Androhung irgendeiner Strafe verlangt wird und für die sie sich nicht freiwillig zur Verfügung gestellt hat.

Artikel 6

Beamte der Verwaltung dürfen, auch wenn es ihre Aufgabe ist, die ihrer Verantwortung unterstellte Bevölkerung zur Annahme von Arbeit irgendeiner Form zu ermuntern, weder auf die Gesamtbevölkerung noch auf einzelne Personen einen Druck ausüben, um sie zur Arbeitsleistung für Einzelpersonen oder private Gesellschaften und Vereinigungen zu veranlassen.

Artikel 25

Die unberechtigte Auferlegung von Zwangs- oder Pflichtarbeit ist unter Strafe zu stellen. Die Mitglieder, die dieses Überein-kommen ratifizieren, verpflichten sich, dafür zu sorgen, dass die ergriffenen Strafmaßnahmen wirksam sind und streng vollzogen werden.

Zusatzprotokoll Nr. 4: zur Konvention zum Schutze der Menschenrechte und Grundfreiheiten

Artikel 1 Verbot der Schuldhaft bzw. des Freiheitsentzugs wegen Schulden

Niemand darf die Freiheit allein deshalb entzogen werden, weil er nicht in der Lage ist, eine vertragliche Verpflichtung zu erfüllen.

Persönlichkeit – gleiches freiheitliches Rechtsgebot,

sittlicher Anstand und allverträgliche Vereinbarungen.

Menschen sei das natürliche und unabdingbare VORRECHT gegeben eigenes Leben zu gestalten, sich dafür einzusetzen, zu erhalten was dazu nötig wie notwendig ist; im einvernehmenden Auskommen miteinander, bedarf dies zusammenführender, einigender Kommunikation und angemessenen Ausgleichs.

Mit gegebener Grundregel können wirksame Bestimmungen und Vertragsregeln eingehalten, können menschenwürdige Vereinbarungen getroffen werden; so, dass jeder Mann und jede Frau rechtsguten Gewissens und Wissens wie harmonisch friedfertiger Absichten, dem eigenen Lebenserhalt dienen wie im Gemeinschaftssinn leben können.

Entsprechend mag es sich verhalten ob als Privatmensch oder als Unternehmer, gleich ob er oder sie weltlichen Gesetzen zu- oder abspricht, soll es dennoch die Achtung wechselseitigen Wirkens wahren und Menschwerten gerechtwerden; sodass Mitwirkende darin gestaltungs- und aufbaufähig sind, sie sich rechtlich wie menschlich daran mehr orientieren können, indem sie sich und andere für würdig und wert halten, damit LEBEN sich in der Tat weiter entwickeln und entfalten kann.

Dieser mahnende Hinweis ist Eingedenk vergangener und gegenwärtiger Querelen und des Mangels in sovielen Dingen, in einer verändernden Zeitepoche – und weise Voraussicht für besser- oder neuwerdendes Zusammenleben und Menschsein.

Alle Generationen, wie verschiedenartige Menschgesinnungen, Wirtschaftsweisen und Unternehmensebenen, sollen daran teilhaben, es mit eigenen Kräften unterstützen und bewahren. Sodass das LEBENSFÄHIGE dabei helfen mag ein neues Bewusstsein zu erleben. Diese Liebe, Kraft und Freude ist dem Einzelnen und allen Menschen gegeben.

www.liebe-kraft-freude.de

Ein Not wendender Anspruch

Aufgrund leidvoller Erfahrungen wachen übergeordnet die Vereinten Nationen auf den Einhalt von Menschen-, Völker- und Handelsrechten wie deren Recht- und Umgangsformen und Rechtmäßigkeiten.

U.a. wegen Verbrechen an der Menschlichkeit (VStGB § 7[1]).
Jeder der einem System oder einem Recht zuspricht das dem Menschen Lebensrechte abspricht, begeht ein Verbrechen an der Menschlichkeit.
Was getan wird, wird nicht des Geschäftes oder Geldes willen getan, es soll des Menschen wegen getan werden, alsdass sie sich gegenseitig – würdigend – dienen. Rechte, Systeme, Geld und Güter sind dazu Behelfsmittel.
Alles Handeln wird an diesem Tun gemessen. So wie es Sinn menschlichen Zusammenlebens ist, sich dabei zu achten und angemessen zu helfen. Aufdass ein jede/r sich baldmöglichst selbst behelfen und wieder gesunden, im Berufsalltag weiterkommen und anderen helfen kann.

[1] Auszug Völkerstrafgesetzbuch (BRD-BGBl I 2002, 2254):
VStGB § 7 **Verbrechen gegen die Menschlichkeit**

(1) Wer im Rahmen eines ausgedehnten oder systematischen Angriffs gegen eine Zivilbevölkerung
1. einen Menschen tötet,
2. in der Absicht, eine Bevölkerung ganz oder teilweise zu zerstören, diese oder Teile hiervon unter Lebensbedingungen stellt, die geeignet sind, deren Zerstörung ganz oder teilweise herbeizuführen,
3. Menschenhandel betreibt, insbesondere mit einer Frau oder einem Kind, oder wer auf andere Weise einen Menschen versklavt und sich dabei ein Eigentumsrecht an ihm anmaßt,

4. einen Menschen, der sich rechtmäßig in einem Gebiet aufhält, vertreibt oder zwangsweise überführt, indem er ihn unter Verstoß gegen eine allgemeine Regel des Völkerrechts durch Ausweisung oder andere Zwangsmaßnahmen in einen anderen Staat oder in ein anderes Gebiet verbringt,

5. einen Menschen, der sich in seinem Gewahrsam oder in sonstiger Weise unter seiner Kontrolle befindet, foltert, indem er ihm erhebliche körperliche oder seelische Schäden oder Leiden zufügt, die nicht lediglich Folge völkerrechtlich zulässiger Sanktionen sind,

6. einen anderen Menschen sexuell nötigt oder vergewaltigt, ihn zur Prostitution nötigt, der Fortpflanzungsfähigkeit beraubt oder in der Absicht, die ethnische Zusammensetzung einer Bevölkerung zu beeinflussen, eine unter Anwendung von Zwang geschwängerte Frau gefangen hält,

7. einen Menschen dadurch zwangsweise verschwinden lässt, dass er in der Absicht, ihn für längere Zeit dem Schutz des Gesetzes zu entziehen,

a) ihn im Auftrag oder mit Billigung eines Staates oder einer politischen Organisation entführt oder sonst in schwerwiegender Weise der körperlichen Freiheit beraubt, ohne dass im Weiteren auf Nachfrage unverzüglich wahrheitsgemäß Auskunft über sein Schicksal und seinen Verbleib erteilt wird, oder

b) sich im Auftrag des Staates oder der politischen Organisation oder entgegen einer Rechtspflicht weigert, unverzüglich Auskunft über das Schicksal und den Verbleib des Menschen zu erteilen, der unter den Voraussetzungen des Buchstaben a seiner körperlichen Freiheit beraubt wurde, oder eine falsche Auskunft dazu erteilt,

8. einem anderen Menschen schwere körperliche oder seelische Schäden, insbesondere der in § 226 des Strafgesetzbuches bezeichneten Art, zufügt,

9. einen Menschen unter Verstoß gegen eine allgemeine Regel des Völkerrechts in schwerwiegender Weise der körperlichen Freiheit beraubt oder

10. eine identifizierbare Gruppe oder Gemeinschaft verfolgt, indem er ihr aus politischen, rassischen, nationalen, ethnischen, kulturellen oder religiösen Gründen, aus Gründen des Geschlechts oder aus anderer nach den allgemeinen Regeln des Völkerrechts als unzulässig

anerkannten Gründen **grundlegende Menschenrechte entzieht oder diese wesentlich einschränkt,** wird in den Fällen der Nummern 1 und 2 mit lebenslanger Freiheitsstrafe, in den Fällen der Nummern 3 bis 7 mit Freiheitsstrafe nicht unter fünf Jahren und in den Fällen der Nummern 8 bis 10 mit Freiheitsstrafe nicht unter drei Jahren bestraft.

(2) In minder schweren Fällen des Absatzes 1 Nr. 2 ist die Strafe Freiheitsstrafe nicht unter fünf Jahren, in minder schweren Fällen des Absatzes 1 Nr. 3 bis 7 Freiheitsstrafe nicht unter zwei Jahren und in minder schweren Fällen des Absatzes 1 Nr. 8 und 9 Freiheitsstrafe nicht unter einem Jahr.

(3) Verursacht der Täter durch eine Tat nach Absatz 1 Nr. 3 bis 10 den Tod eines Menschen, so ist die Strafe in den Fällen des Absatzes 1 Nr. 3 bis 7 lebenslange Freiheitsstrafe oder Freiheitsstrafe nicht unter zehn Jahren und in den Fällen des Absatzes 1 Nr. 8 bis 10 Freiheitsstrafe nicht unter fünf Jahren.

(4) In minder schweren Fällen des Absatzes 3 ist die Strafe bei einer Tat nach Absatz 1 Nr. 3 bis 7 Freiheitsstrafe nicht unter fünf Jahren und bei einer Tat nach Absatz 1 Nr. 8 bis 10 Freiheitsstrafe nicht unter drei Jahren.

(5) Wer ein Verbrechen nach Absatz 1 in der Absicht begeht, ein institutionalisiertes Regime der systematischen Unterdrückung und Beherrschung einer rassischen Gruppe durch eine andere aufrechtzuerhalten, wird mit Freiheitsstrafe nicht unter fünf Jahren bestraft, soweit nicht die Tat nach Absatz 1 oder Absatz 3 mit schwererer Strafe bedroht ist. In minder schweren Fällen ist die Strafe Freiheitsstrafe nicht unter drei Jahren, soweit nicht die Tat nach Absatz 2 oder Absatz 4 mit schwererer Strafe bedroht ist.

Weitere Informationen u.a. auf: www.juris.de / www.auswaertiges-amt.de

Selbstbestimmungsrechte

- Begründungen und Nachweise -

Lus cogens: (lateinisch für: zwingendes Recht), darunter versteht man den Teil der Rechtsordnung, der nicht abbedungen (durch andere Vereinbarungen oder Erklärungen geändert) werden darf. Neben dem Privatrecht findet der Begriff vor allem im Völkerrecht Verwendung. Siehe weiter in *Ius naturalis* = natürlich-gottgegebenes Recht. Es ist ein also elementares Lebensanrecht aus dem das Selbstbestimmungsrecht hervorgeht.

Selbstbestimmungsrechte: sind Menschenrechten zugehörig, die der persönlichen Identifikation entsprechen (müssen). Dazu hat jeder Mensch und jede Gruppe das Recht seine eigenen Angelegenheiten frei und ohne Einmischung von anderen – insbesondere von unternehmens - oder staatlichen Stellen – zu regeln, soweit sie sich im Einklang mit den anerkannten Regeln der jeweiligen Gemeinschaft befinden.

In Deutschland *wird* dieses Recht durch Art. 2 Abs. 1 i.V.m. Art. 1 Abs. 1 Grundgesetz geschützt. Jedem Menschen wird darin das Recht auf die **freie Entfaltung seiner Persönlichkeit** garantiert, soweit er die Rechte anderer nicht verletzt und nicht gegen die verfassungsmäßige Ordnung oder das Sittengesetz verstößt. (Vgl. dazu auch: Allgemeine Handlungsfreiheit und Freizügigkeit.)
Im eventuell wiederentstehenden 2ten Deutschen Reich sind Persönlichkeitsrechte und freie Entwicklung vage enthalten, wird aber in Art. 4 gesamtdeutscher Verfassung (v. 21.12.2006) den Völkerrechten zugesprochen. Religionszugehörigkeit und -freiheit kommen jedoch z.B. in Art. 135, 136 zum Ausdruck.
Auf Grund der Trennung von Staat und Kirche erkennt das Gesetz in BRD-GG Art. 140 in Verbindung mit Art. 137 GG, und Deutsches Reich Verfassung in Art. 138, auch ein kirchliches bzw. spirituelles, seelisches Selbstbestimmungsrecht. Das Menschen erlaubt ihr höheres Wesenspotenzial anzunehmen *(motu proprio)* und uneingeschränkt zu leben.

Die Charta der Vereinten Nationen erwähnt das Selbstbestimmungs-recht der Völker in den Artikeln 1 und 55, jedoch ohne es zu definieren. Eine bindende Verpflichtung der Vertragsstaaten zur Einhaltung des Rechts auf Selbstbestimmung geht dagegen aus den beiden Menschenrechtspakten der Vereinten Nationen hervor, die 1966 von der UN-Generalversammlung angenommen wurden und nach Erreichen der nötigen Anzahl an Ratifizierungen 1977 in Kraft traten.

Der Internationale Pakt über Bürgerliche und Politische Rechte sowie der Internationale Pakt über Wirtschaftliche, Soziale und Kulturelle Rechte erkennen das **Selbstbestimmungsrecht für die Vertrags-staaten bindend** an. In beiden Pakten heißt es gleichlautend in Artikel I:

(1) Alle Völker haben das Recht auf Selbstbestimmung. Kraft dieses Rechts entscheiden sie frei über ihren politischen Status und gestalten in Freiheit ihre wirtschaftliche, soziale und kulturelle Entwicklung.

(2) Alle Völker können für ihre eigenen Zwecke frei über ihre natürlichen Reichtümer und Mittel verfügen, unbeschadet aller Verpflichtungen, die aus der internationalen wirtschaftlichen Zusammenarbeit auf der Grundlage des gegenseitigem Wohles sowie aus dem Völkerrecht erwachsen. In keinem Fall darf ein Volk seiner eigenen Existenzmittel beraubt werden.

(3) Die Vertragsstaaten, einschließlich der Staaten, die für die Verwaltung von Gebieten ohne Selbstregierung und von Treuhand-gebieten verantwortlich sind, haben entsprechend der Charta der Vereinten Nationen die **Verwirklichung des Rechts auf Selbst-bestimmung zu fördern und dieses Recht zu achten.**

Sich daraus ergebende Rechte, Menschenrechte, Hoheitsrechte und ein möglicher eigener Rechtstatus sind in UN-Resolution 217 u. 56/83 enthalten. Weitere Rechtsgrundlagen hierzu entnehme bei Bedarf der Webseite www.liebe-kraft-freude.de, hierzu veröffentlichten Buch-schriften *Ein hoheitlicher Rechtsweg und Im Hoheitsstatus leben.*

Lus cogens und Selbstbestimmung: zuletzt sind es RECHTE des Einzelnen gegen Vormachtstellungen, zum sichernden, uneinschränk-baren Erhalt der persönlichen LEBENSFÄHIGKEIT.

Lebe und erlebe...

WISSEN – Gefühl und Leben,
sind nichttrennbar sondern zu vereinen.

Sobald du eine Entscheidung getroffen,
was denn mit deinem Leben geschehe,
du den ersten Schritt getan, gleich welchen,
kommt dein Alltagsleben in Bewegung.

Sei dann da und wach, denn es wird dir
allerhand sowie Hilfreiches begegnen;
manchmal kaum bemerkbar,
eher wie selbstverständlich.

Nimm dann die Hand die dir gereicht,
sie mag dich einen Schritt weiterbringen,
im guten Gefühl magst du dann den Weg gehen.

So soll dies Wissen Abstrafen und Leiden mildern
und harmonische Lösungen herbeiführen.

Menschliche Weiterentwicklung

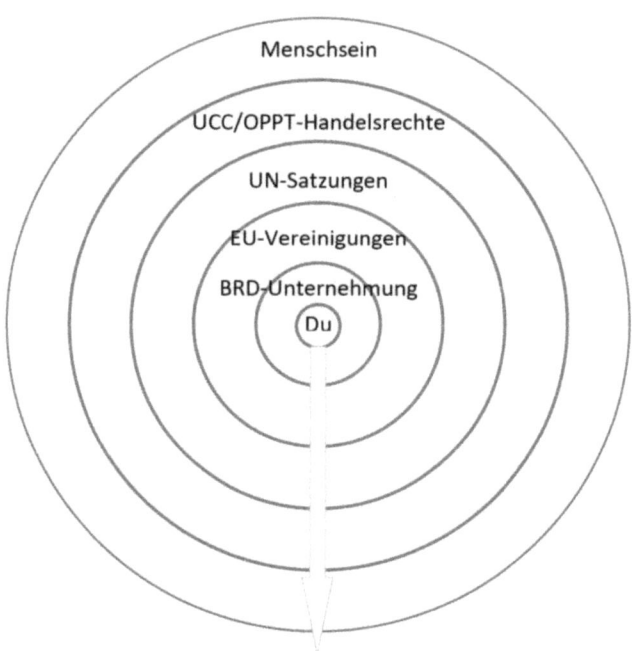

- ins BEWUSSTSEIN gehen,
ein Weg innerer Entwicklung...

Kraft des Bewusstseins - *in motu proprio*

• *Jeder Mensch ist FREI zu SEIN und zu TUN, was Herz und Seele entspricht, solange kein anderer Mensch dadurch einen Schaden erfährt.*

• *Zwischen MIR, der Schöpfung und meinem Schöpfersein kann NICHTS und NIEMAND stehen.*

• *ICH BIN, also TUE ICH. Ich bin ein Seinswesen und ein Beschützer der Schöpfung und allen Lebens.*

• *Niemand kann sich mehr hinter Vorgesetzten, Vorschriften und Paragraphen verstecken, sondern ist voll und ganz für sein Handeln verantwortlich.*

• *Jeder repräsentiert sich selbst. Sein weltliches Handeln bestimmt seine Lebensumgangsart. Niemand soll mit anderen konkurrieren, jeder hat das gleiche Recht zu leben, um faire Einigung von Mensch zu Mensch zu erzielen.*

• *Innere Würde und hohe Verbundenheit gibt die Ausrichtung zum Wesen des Menschen – innige Liebe zu sich selbst sowie die Liebe zu allem Tun im Leben.*

• *So erst kann jegliches Erleben ins Fließen gelangen und funktionieren. Ein jeder und eine jede darf Spaß haben, Lebenssinn finden und erfolgreich leben.*

• *Im Aufrichtigen Tun und Sein dürfen wir daher einander begegnen, uns respektvoll behandeln und würdigen als MENSCHEN einer Schöpfung.*

Frei leben

Frei von Fesseln und Begrenzungen, der ureigenen Wesensnatur nach herauswachsen...

um zu sein wer Du wirklich bist.

Eckpfeiler allen Handelns

- WÜRDE

- PERSÖNLICHKEITSENTWICKLUNG

- GLEICHSTELLUNG

Dies beachte ob gegenseitiger Einhaltung, es wird seine Wirkung nicht verfehlen.

Denn Selbstachtung und Wertgefühl für sich führt zu achtsamer Einschätzung der Umstände.

Dafür stehe jede und jeder für sich ein, es verändert Situationen und Möglichkeiten nachhaltig.

Und Dein Leben hebt sich dadurch auf eine höhere wesensnahe und allen gleichermaßen rechtmäßige Lebensbahn.

Umgang mit Menschenrechten

- ein persönliches Anwendungsbeispiel, einfache Fassung -

Als Mensch wie als sog. Person musst du Deine Menschenrechte kennen und so früh wie möglich zur Sprache bringen, spätestens wenn du das Gefühl hast dass du übergangen zu werden.

Dann stehe bestimmt zu Dir und sieh wo es hinführt, denn nicht das vorschnelle Ergebnis ist wichtig sondern Dein jeweiliger Standpunkt während Du diesen Weg gehst.

Achtung und Respekt Dir selbst gegenüber ist es wert. Dadurch kann eine stabile Grundlage und etwas Neues, gar eine neue Berufung entstehen.

Wegen Nichteinhaltung dieser Rechte und der Unvereinbarkeit mit allem Leben, nachfolgend eine ebenso unvermeidbare Konsequenz zur Sicherung eigener Lebensfähigkeiten.

Etliche Wachstumsschritte gingen dem voraus, u.a. wegbereitende Schriften wie z.B. *Eine Verfassungsgabe, Über Würde und Unversehrtheit, Brief an Unternehmer, Mitarbeiter und Betroffene,* neben weiteren unablässigen Klärungsversuchen in *Ein hoheitlicher Rechtsweg, Im Hoheitsstatus leben* und zuguterletzt *In Freiheit leben.*

- Einschreiben/Rückschein -

Internationaler Gerichtshof
Maanweg 174
2516 AB Den Haag – Niederlande

Völker- und Menschenrechtsverfahren

- von zu schützenden natürlichen Personen *Peter vom See und Kyra Susanne Jäger,* gemäß Personenstanderklärung vom 18.02.2013, nach UN-Resolution 56/33 und 217 /Menschenrechtskonvention

<u>Zur Kenntnisnahme</u>: **Landratsamt Ostalbkreis Jobcenter, Bahnhofsplatz 1 73525 Schwäbisch Gmünd** – Zeichen: 4361.012715 – *Peter vom See und Kyra Susanne Jäger*

STRAFVERFOLGUNGSANTRAG und STRAFANZEIGE - mit Schreiben vom 11.11.2013, 22.01.2014 und 12./13.03.2014 – **WIEDERGUTMACHUNGSFORDERUNG**

- wegen **Verbrechen gegen die Menschlichkeit** nach Völkerstrafgesetzbuch, VStGB § 5, **7**, 10, 11, 13, 14, plus Anlage und UN-Resolution 56/83 und UN-Menschenrechtsresolution 217 in mehreren Punkten,
- u.a. Missachtung grundsätzlicher Gebietsstaats- und Menschenrechte, Minderung festgesetzten Existenzminimums, Zurückhalten von Förderhilfen nach nationalem und internationalem Recht,
- sowie Missachtung des Personenstands und Rechts zum eigenständigen Lebenserhalt und -aufbau, Untergrabung und Diskriminierung/en, ausgesetzter Nötigung,

Bedrohung und Existenzgefährdung sowie Übergehen/ Verhindern eingegebener Potenziale zur Lebensumstands-verbesserung,

- wegen **Verstoß gegen allgemeine Menschenrechte,** nach UN-Resolution 217, Art. 1, 2, 3, **4**, 5, 6, **7**, 8, 15, 18, 20, 22, **23**, 25, 27, 28, 29, 30 (EU-Vertragscharta ff., Art. 53, 54, BRD-Grundgesetz, Art. 1–13, 25, 28, 31, 133, ff.)

- u.a. wegen **Völkerrechtsbruch,** gebietsstaats-rechtliches Gesamtdeutschland ist <u>nicht</u> BRD (GG, Art. 133, s. Anlage „21-Punkte…"), nach UN-Resolution 56/83, u.a. **Art. 9,** 30, 31, 34 – 38, plus Anlage Genfer Friedensabkommen, Haager Landkriegsordnung, **Kap. II Art. 7 u. Art. 43,** UN-Sozialcharta von 1966/91 (UN-Sozialbericht v. 2011),

- wird **Strafverfolgungsantrag** gegen folgende Personen des Jobcenters Landratsamt Ostalbkreis, Bahnhofsplatz 1 D-73525 Schwäbisch Gmünd, gestellt:

Fallmanagerin Fr. B.
Mitarbeiterin der Leistungsabteilung Fr. K.
Mitarbeiter der Leistungsabteilung H. H.,
Geschäftsstellenleiter H. R.,
Geschäftsführer Herr K., im Landratsamt Aalen/ Ostalbkreis, Hopfenstr. 65 D-73430 Aalen

- die im *staatlichen* Auftrag Aufgaben nach dem zweiten Sozialgesetzbuch (SGB-II) als *Erfüllungsgehilfen* <u>in eigener Verantwortung</u> (BGB § 839, 823) verrichten,
- wird **Wiedergutmachung von jeweils 5.000,- €** als Einzelforderung gegenüber Mitarbeitern (Fr. B., Fr. K., H. H.),

und **Wiedergutmachung von jeweils 10.000,- €** als Einzelforderung gegenüber Geschäftsführenden (H. R. und H. K.),
- sowie **Wiedergutmachung von 50.000,- €** als Gesamtforderung gegenüber der Unternehmung Jobcenter, verlangt.

Zur Erläuterung:

Aufgrund Unzugänglichkeiten, der fortgesetzten einseitig-mangelhaften Kommunikation und der notwendigen Erkenntnisbereitschaft und vorherrschenden Ignoranz – wo obige Personen wesentlicher Mensch-Arbeits-Markt-Zusammenhänge **nicht bewusstwerden** können oder möchten – ist ein möglicher Straf- bzw. Wiedergutmachungserlass nichtmehr abhandelbar; da weder Rechte gleichgestellt noch vertraglich-wertschätzend gehandhabt und keine weiterbringenden Inhalte gegeben waren. → *Als subsituierte Rechtsvertreter haben sie dieser Verantwortung sowie obiger RECHTE bewusst zu sein!*

Ihr Gesamtverhalten ist daher unverhältnismäßig-qualifiziert und dem Menschen, in diesem Fall mir/uns gegenüber in minderer Kompetenz und den Rechtsverantwortungen nicht gewachsen zusammenzufassen. Wobei (bloße) Gesetzes- und Wortüberzeugungen gegenteilige Ansichten behaupten. Nebenverhalte mehr Aufmerksamkeit verzehrten als eigentliche Hauptanliegen – die Beschaffung von Arbeitsplätzen minderqualifiziert vonstattengeht. Eben doch vom Einzelnen und seiner/ihrer menschseitigen Stabilität ausgeht, um möglichst dauerhaft zu sein.

Die Regierung der Bundesrepublik Deutschland – BRD – stellvertreten durch das Bundesministerium für Arbeit und Soziales, Bundesagentur für Arbeit nebst Jobcentern, hilfesuchenden Bürgern wenig – im Grunde *keine* Persönlichkeitsrechte zugestehen mag, sie gar als *„Sach*-Eigentum" betrachten; welches im Zweifelsfall überstimmt und über das nach BRD-Rechtsauslegungen verfügt werden kann bzw. soll. Jobcenter rechtlich – offen oder subtil – derart einschränken und bevormunden (wollen), sodass es Lebensfähigkeiten zunichtemacht (s. auch IAB-Forschungsbericht 2012).

Danach handeln etliche Führungskräfte und Mitarbeiter von Jobcentern vorwiegend mechanisch-rechtseinseitig und führ(t)en Betreffende in billige/billigste Jobs bzw. uns in billigende unter-der-Hand Vereinbarungen – **ohne genügend** auf mitbetreffende Gesamtlagen und Umstände einzugehen, diese ebenso nach rechtlichen Maßstäben klärend zu remonstrieren – da ihre Augenmerke eher auf möglichst schnelles Sanktionen Verhängen gerichtet, sie darauf regelrecht fixiert sind.

Sie miss- oder gebrauchen Mitmenschen um minderwertige Vorgabemotivationen auftragsweisungsgemäß mittels „Rechten" durchzusetzen (= Missbrauch nach EU-Charta Art. 4 u. 5, UN-Res. 217 Art. 4 u. 23 i.V. mit IAO-Abkommen Nr. 29). Damit werden sie *gesetzlich*-gegebenem Auftrag – dem Herausführen aus SGB-II Hilfeleistungen – **nicht gerecht** (s. hohe Rücklaufquoten im Analysebericht der BA) und machen obige Menschenrechtsverletzung offenkundig.

Im nun eigenen Erlebensfall verstießen sie, sowohl das Bundesverfassungsgericht wie die Bundesagentur für Arbeit und Jobcenter, gegen mehrere Grundgesetzmäßigkeiten lebensfähigen Arbeitens (siehe o.g. Schreiben und Anhänge und „Eine Verfassungsgabe" u.w.). Nebst der Weigerung neueingenommenen Personenstatus anzuerkennen. Wohl um Unternehmensbelange oder eigene, rechts- und systemimmanente Belange aufrechtzuerhalten und Schwächen zu umgehen bzw. zu verdecken. Damit sind ihrerseits Amts- und Rechtsmissbräuche begangen, die bereits im BRD-Rechts-wesen auszumachen sind; aber ebenso schwer bzw. erschwert einforderbar oder einklagbar sind.

So werden zuletzt Rechte *unbedacht* benutzt, um Menschen mehr zu demütigen und zu erniedrigen, wie zahlreiche andere Erlebensbeispiele und Berichte deutlich machen – statt Betreffende vielmehr substanziell aufzubauen. Ein Anliegen, das bislang nie richtig Beachtung fand, letztlich (enorme) Mehrkosten verschlingt (s. Prüfbericht des Bundesrechnungs-hofs 2012, Diakonie Bericht 2009 und weitere). Kurz: SGB-II/Hartz-IV bleibt hinter seinen Versprechen zurück, zu Lasten aller.

Da zuletzt <u>keine</u> Möglichkeit der Besserungen – des seit September 2009 mit einem „Lebenskonzept" bekannten und seither mehrfach angeführten Erläuterungen – vielmehr ein vermehrt sumpfiger Kreislauf entsteht und erneute Existenzgefährdungen wegen Abweisung bestehen, ergeht internationale Anzeige; aufgrund des Völkerrechtsstatus nach **UN-Resolution 56/83, Art. 9 und UN-Resolution 217** gesamt.

Da auch weiterhin mach- und lebbare Alternativen außer Acht gelassen werden; weil sie dahinterstehendem, <u>nicht</u>staatlichen BRD-Regime und dessen Gedankengut einzig (blind) folgeleisten. Daher solcherart institutionalisierte Jobcenter *zum offenen Vollzug* mutieren und als „modern-geführte KZs" zu bezeichnen – menschen- wie völkerrechtlich **nicht vertretbar** sind.

– Da ich/wir zuvor über **7 Jahre (2002 – 2009) Wohnungs-und Obdachlosigkeit durchlebten,** aufgrund der Wirkweisen des BRD-*Rechts*systems Verfemungen und Voll-Sanktionier-ungen – trotz eigener Bemühung – über uns ergingen, dies in einer erhobenen Verfassungsbeschwerde (AR 3377/12 vom Mai

2012) *floskelhaft* abgewiesen wurde, bestätigt es die weiter-beherrschende Rechtsmacht sowie vielerorts festgestellte Rechtswege<u>un</u>fähigkeit (s. EGMR Große Kammer, Urteil vom 08.06.2006 - 75529/01, Sürmeli/ Deutschland, u.a. auch wegen <u>Unzuständigkeit von BRD-Gerichten</u>, s. Bereinigungsgesetze 2006/ 07/10 i.V. mit besatzungsverfügten SHAEF-Gesetz Nr. 2, im Bundesgesetzblatt vermerkt), und bringt uns nunmehr in gefahrenbesetzte Existenznot...

Daher: ist dies Ersuchen vom Internationalen Gerichts-hof <u>nicht</u> abzuweisen; da sie menschen-, völker- und staatsrechtliche Sicherheit überwachen und diese Angelegenheit dringend und als EXISTENZERHEBLICH zu wahren ist.

Bis zum abschließenden Urteil des Verfahrens bzw. bis zur Beilegung oder Lösungsfindung des Verhalts, wird dennoch BRD-Behördenseits um existenzbedingte Auszahlung eines <u>Existenzminimums</u> nach Urteilen des Bundesverfassungs-gerichts (BVerfG, 1 BvL 1/09 vom 9.2.2010 / 1 BvL 10/10 vom 18.7.2012) in korrekter Höhe gebeten (s. Anschreiben vom 22.01./12. u. 13.03.2014).

Eigenes Engagement und die Gesprächsbereitschaft zur Loslösung von Jobcenterhilfen besteht weiterhin. Angemessene Angebote sind daher erbringbar, die auf u.g. Webseite dargestellten Arbeiten, zur **selbstständigen Lebensfähig-keit,** weiterhelfen; sodass es den Inhalt von BGB-/SGB-Vertrags-rechten (SGB-II § 1, 55, 62 gegengleich) <u>nicht abspricht</u> sondern gewährleistet (erzwingende Vereinbarungen sind hierin zu vermeiden, da dies zu weiteren Ausgleichs-forderungen führt).

Antworten und Zahlungen werden ab Zugang dieses Schreibens innerhalb von 3 Wochen, mit richtiger Adressierung erbeten. Wiedergutmachungen können in Ausnahmefällen als Teilzahlung vereinbart werden. Eine Verrechnung zum gegenwärtigen Leistungsbezug ist nicht statthaft. Den Forderungen oben genannten Schreiben ist fernerhin nachzukommen.

Mit dem Ersucher letzte Klärungsmöglichkeiten aufzunehmen verbleibt

Schwäbisch Gmünd, im März 2014

Anlage: zum Grundverständnis

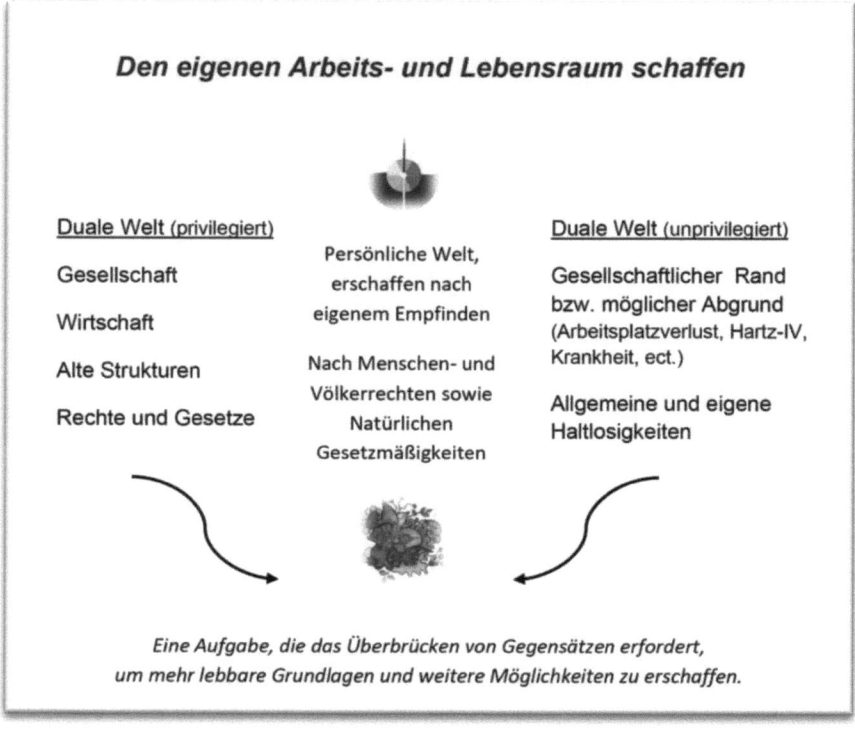

Weitere Anlagen: ***Ein hoheitlicher Rechtsweg*** - Zusammenfassung über Herleitungen
Ein hochrechtlicher Anspruch (Schreiben 11.11.2013 / 22.01. u. 12./13.03.2014)
21-Punkte zur tatsächlichen Situation in Deutschland einfache Version - aus Kostengründen auf u.g. Webseite, neben weiteren Buchschriften, Informationen und Rechtsauszügen, erhältlich.

* ausführliche Version dieser Menschen- und Völkerrechtanzeige im Buch: ***Im Hoheitsstatus leben.***

Auszüge obliegen ureigenem Werdegang und dürfen nicht entstellt wiedergegeben oder gekürzt werden, sie sind in ganzer Form und verständiger Sorgfalt zu behandeln und können zum sinnvollen Gebrauch unter der Quellangabe **Peter vom See** – www.liebe-kraft-freude.de mit Wahrung des Personenstands und Gebiets(staats)rechten weitergereicht werden.

Nachtrag September 2020: Mangels Alternativen und grundsätzlicher Verweigerungen geltenden Rechts und ob des höheren Recht- und Lebensauftrags hatte das Jobcenter, neben weiteren BRD-Unternehmen, nunmehr 376.000,- € auszugleichen,
dies wurde mit einer abschließenden Gesamtwiedergutmachung auf BRD-Bundespräsidialamtsebene eingefordert, siehe Buch **In Freiheit leben** auf www.liebe-kraft-freude.de.

Erklärung der Vereinten Nationen
über Menschenrechtsbildung und -training

Die Generalversammlung,

in Bekräftigung der Ziele und Grundsätze der Charta der Vereinten Nationen zur Förderung und Stärkung der Achtung aller Menschenrechte und Grundfreiheiten für alle ohne Unterschied nach rassistischen Kriterien, nach Geschlecht, der Sprache oder Religion,

bekräftigend, dass jede/r Einzelne und alle gesellschaftlichen Einrichtungen durch Bildung und Erziehung danach streben sollen, die Achtung vor den Menschenrechten und Grundfreiheiten zu fördern,

zudem bekräftigend, dass jede/r das Recht auf Bildung hat, und dass Bildung auf die volle Entfaltung der menschlichen Persönlichkeit und das Bewusstsein ihrer Würde gerichtet sein soll, und allen Menschen ermöglichen soll, an einer freien Gesellschaft vollumfänglich teilzuhaben, und dass sie Verständnis, Toleranz und Freundschaft zwischen allen Völkern und allen ethnischen oder religiösen Gruppen sowie die Arbeit der Vereinten Nationen für die Wahrung des Friedens, der Sicherheit und der Förderung der Entwicklung und der Menschenrechte fördern soll,

bekräftigend, dass die Staaten gemäß der Allgemeinen Erklärung der Menschenrechte, des Internationalen Pakts über wirtschaftliche, soziale und kulturelle Rechte und anderer Menschenrechtsabkommen verpflichtet sind, sicherzustellen, dass Bildung der Stärkung der Achtung der Menschenrechte und Grundfreiheiten dienen soll,

in Anerkennung der grundlegenden Bedeutung von Menschenrechtsbildung und -training als Beitrag zur Förderung, zum Schutz und zur tatsächlichen Verwirklichung aller Menschen-rechte, *in Bekräftigung* der Forderung der Wiener Weltmenschenrechts-konferenz (1993) an alle Staaten und Institutionen, die Menschenrechte sowie humanitäres Völkerrecht, Demokratie und Rechtsstaatlichkeit in die Lehrpläne aller Bildungseinrichtungen aufzunehmen, und ihrer Feststellung, dass die Menschen-rechtsbildung Frieden, Demokratie, Entwicklung und soziale Gerechtigkeit umfassen soll, so wie es in internationalen und regionalen Menschenrechtsverträgen festgeschrieben ist, um ein gemeinsames Verständnis, ein gemeinsames Bewusst-sein und ein universelles Bekenntnis zu allen Menschenrechten zu erzielen,

unter Hinweis auf das Abschlussdokument des Weltgipfels von 2005, in dem die Staats- und Regierungschefs die Förderung der Menschenrechtsbildung auf allen Ebenen unterstützt haben, unter anderem durch die Durchführung des Weltprogramms für Menschenrechtsbildung und indem sie alle Staaten aufriefen, hierzu Initiativen zu entwickeln,

angetrieben durch den Wunsch, ein starkes Signal an die internationale Gemeinschaft zu senden, um alle Anstrengungen im Bereich von Menschenrechtsbildung und -training durch ein gemeinsames Bekenntnis aller Beteiligten zu stärken,

erklärt folgendes:

Artikel 1

1. Jeder Mensch hat das Recht, alle Menschenrechte und Grundfreiheiten zu kennen, Informationen darüber zu suchen und zu erhalten, und Zugang zu Menschenrechtsbildung und -training zu haben.

2. Menschenrechtsbildung und -training sind von wesentlicher Bedeutung für die Förderung der universellen Achtung und Einhaltung aller Menschenrechte und Grundfreiheiten für alle, in Übereinstimmung mit den Prinzipien der Universalität, Unteilbarkeit und Interdependenz der Menschenrechte.

3. Die wirksame Ausübung aller Menschenrechte, insbesondere des Rechts auf Bildung und des Rechts auf Zugang zu Information, ermöglicht den Zugang zu Menschenrechtsbildung und -training.

Artikel 2

1. Menschenrechtsbildung und -training umfasst alle Aktivitäten in den Bereichen Bildung, Ausbildung, Information, Sensibilisierung, Bewusstseinsbildung und Lernen, die auf die Förderung der universellen Achtung und Einhaltung aller Menschenrechte und Grundfreiheiten gerichtet sind, und so unter anderem einen Beitrag dazu leisten, Menschenrechtsverletzungen und Übergriffen vorzubeugen, indem Menschen Kenntnisse, Fähigkeiten und Verständnis erwerben sowie Einstellungen und Verhaltensweisen entwickeln, mit denen sie zum Aufbau und zur Förderung einer universellen Kultur der Menschenrechte beitragen können (Empowerment).

2. Menschenrechtsbildung und -training umfasst:

a) *Bildung über* Menschenrechte; dies umfasst die Bereitstellung von Wissen und das Verständnis für Normen und Prinzipien der Menschenrechte sowie der ihnen zugrunde liegenden Werte und Mechanismen zu ihrem Schutz;

b) *Bildung durch* Menschenrechte; dies umfasst Formen des Lernens und Unterrichtens, welche die Rechte sowohl der Lehrenden als auch der Lernenden achten;

c) *Bildung für* Menschenrechte; dies bedeutet Menschen darin zu stärken, ihre Rechte wahrzunehmen und auszuüben sowie die Rechte anderer zu achten und hochzuhalten.

Artikel 3

1. Menschenrechtsbildung und -training ist ein lebenslanger Prozess, der alle Altersgruppen betrifft.

2. Menschenrechtsbildung und -training betrifft alle Teile der Gesellschaft auf allen Ebenen, einschließlich der frühkind-

lichen Bildung, der Grund-, Sekundar- und Hochschulbildung unter angemessener Berücksichtigung der akademischen Freiheit, und alle Formen von Bildung, Ausbildung und Lernen, ob im öffentlichen oder privaten Sektor, im formalen, non-formalen oder informellen Kontexten. Sie umfasst unter anderem die Berufsausbildung, insbesondere die Ausbildung von Trainer/innen und Ausbilder/innen, Lehrpersonen und Angehörigen des öffentlichen Dienstes, ebenso die allgemeine Weiterbildung sowie Information, Bewusstseinsbildung und Sensibilisierung der Öffentlichkeit.

3. Menschenrechtsbildung und -training soll sprachlich und methodisch für die Zielgruppen und ihre spezifischen Bedürfnisse und Voraussetzungen geeignet sein.

Artikel 4

Menschenrechtsbildung und -training soll sich auf die Prinzipien der Allgemeinen Erklärung der Menschenrechte und einschlägiger Verträge und Instrumente stützen, um:

a) Bewusstsein, Verständnis und Akzeptanz der universellen Normen und Prinzipien der Menschenrechte sowie der Garantien auf internationaler, regionaler und nationaler Ebene für den Schutz der Menschenrechte und Grundfreiheiten zu stärken;

b) eine universelle Kultur der Menschenrechte zu fördern in der sich jede/r der eigenen Rechte und der Verantwortung gegenüber den Rechten anderer bewusst ist, und um die Entwicklung des Individuums als verantwortungsvolles Mitglied einer freien, friedlichen, pluralistischen und inklusiven Gesellschaft zu fördern;

c) die tatsächliche Verwirklichung aller Menschenrechte sowie Toleranz, Nichtdiskriminierung und Gleichheit zu fördern;

d) Chancengleichheit für alle frei von jeglicher Diskriminierung durch Zugang zu Menschenrechtsbildung und -training in hoher Qualität sicherzustellen;

e) zur Vermeidung von Menschenrechtsverletzungen und Übergriffen sowie zur Bekämpfung und Beseitigung aller Formen von Diskriminierung, Rassismus, Vorurteilen, Anstiftungen zu Hass und den zugrundeliegenden schädlichen Einstellungen und Vorurteilen beizutragen.

Artikel 5

1. Menschenrechtsbildung und -training, unabhängig davon, ob von öffentlichen oder privaten Trägern angeboten, soll die Prinzipien der Menschenwürde, der Inklusion, der Nicht-diskriminierung und der Gleichheit, insbesondere der Gleichstellung von Mädchen und Jungen, Frauen und Männern, zugrunde legen.

2. Menschenrechtsbildung und -training soll für alle Personen verfügbar und zugänglich sein. Sie soll die besonderen Heraus-forderungen, Hindernisse, Bedürfnisse und Erwartungen von Personen und Gruppen in verletzlichen und benachteiligenden Situationen berücksichtigen, einschließlich Menschen mit Behinderungen, um Empowerment und die menschliche Entwicklung zu fördern und zur Beseitigung der Ursachen von Ausgrenzung oder Marginalisierung beizutragen, und um es jedem Menschen zu ermöglichen, alle Rechte aktiv auszuüben.

3. Menschenrechtsbildung und -training soll die Vielfalt der Zivilisationen, Religionen, Kulturen und Traditionen der verschiedenen Länder umfassen, sie bereichern und sich von ihnen inspirieren lassen, so wie es durch die Universalität der Menschenrechte begründet wird.

4. Menschenrechtsbildung und -training soll bei der Förderung lokaler Initiativen unterschiedliche wirtschaftliche, soziale und kulturelle Bedingungen berücksichtigen, um die Übernahme von Verantwortung für das gemeinsame Ziel der Verwirklich-ung aller Menschenrechte für alle zu fördern.

Artikel 6
1. Menschenrechtsbildung und -training soll neue Informations-
und Kommunikationstechnologien und Medien nutzen, um alle
Menschenrechte und Grundfreiheiten zu fördern.
2. Die Kunst soll als Mittel für Training, Sensibilisierung und
Bewusstseinsbildung im Bereich der Menschenrechte gestärkt
werden.

Artikel 7
1. Die Staaten und die zuständigen staatlichen Behörden
tragen die Hauptverantwortung für die Förderung und
Bereitstellung von Menschenrechtsbildung und -training, die in
einem Geist der Partizipation, Inklusion und Verantwortung zu
entwickeln und umzusetzen ist.
2. Die Staaten sollen ein sicheres und günstiges Umfeld
schaffen für die Mitwirkung der Zivilgesellschaft, der
Privatwirtschaft und anderer einschlägiger Interessensgruppen
an Menschenrechtsbildung und -training, in dem die
Menschenrechte und Grundfreiheiten aller, einschließlich der
am Bildungsprozess Beteiligten, vollständig geschützt sind.
3. Die Staaten sollen einzeln sowie über internationale
Unterstützung und Zusammenarbeit und unter maximaler
Ausschöpfung der verfügbaren Mittel Maßnahmen ergreifen,
um mit geeigneten Mitteln die schrittweise progressive
Verwirklichung von Menschenrechtsbildung und -training
sicherzustellen, einschließlich der Verabschiedung gesetz-
geberischer und verwaltungsrechtlicher Maßnahmen und
Strategien.
4. Die Staaten und die zuständigen staatlichen Behörden
sollen eine angemessene Ausbildung von Angehörigen des
öffentlichen Dienstes, von Verwaltungspersonal, Richter/
innen, Vollzugsbeamt/innen und militärischem Personal in
Menschenrechtsfragen sowie gegebenenfalls in Fragen des
humanitären Völkerrechts und des internationalen Strafrechts

gewährleisten und eine angemessene Ausbildung in Menschenrechtsfragen für Lehrpersonen, Ausbildner/innen und andere Pädagog/innen und private Personen, die für den Staat tätig sind, fördern.

Artikel 8
1. Die Staaten sollen politische Strategien und Maßnahmen und gegebenenfalls Aktionspläne oder Programme zur Durchführung von Menschenrechtsbildung und -training entwickeln oder die Entwicklung auf entsprechender Ebene fördern, z. B. durch ihre Integration in die Lehrpläne von Schule und Ausbildung. Dabei sollen sie das Weltprogramm für Menschenrechtsbildung sowie besondere nationale und lokale Bedürfnisse und Prioritäten berücksichtigen.
2. Die Konzeption, Durchführung, Evaluation und fortlaufende Weiterentwicklung solcher Strategien, Aktionspläne, Maßnahmen, Gesetze und Programme sollen alle Beteiligten, einschließlich der Privatwirtschaft, der Zivilgesellschaft und nationaler Menschenrechtsinstitutionen einbeziehen, wo angebracht durch die Förderung von Multi-Stakeholder-Initiativen.

Artikel 9
Die Staaten sollen die Einrichtung, die Entwicklung und die Stärkung von wirksamen und unabhängigen nationalen Menschenrechtsinstitutionen in Übereinstimmung mit den Prinzipien des Status nationaler Menschenrechtsinstitutionen zur Förderung und zum Schutz der Menschenrechte („Pariser Prinzipien") fördern, in der Erkenntnis, dass nationale Menschenrechtsinstitutionen eine wichtige Rolle oder, soweit erforderlich, eine koordinierende Rolle bei der Förderung von Menschenrechtsbildung und -training spielen können, unter anderem durch die Sensibilisierung und Mobilisierung der relevanten öffentlichen und privaten Akteure.

Artikel 10

1. Verschiedene gesellschaftliche Akteure, unter anderem Bildungseinrichtungen, Medien, Familien, lokale Gemeinschaften und Institutionen der Zivilgesellschaft einschließlich Nichtregierungsorganisationen, Menschenrechtsverteidiger/innen und die Privatwirtschaft, spielen wichtige Rollen bei der Förderung und Bereitstellung von Menschenrechtsbildung und -training.

2. Institutionen der Zivilgesellschaft, der Privatwirtschaft und andere einschlägige Interessensgruppen sind aufgefordert, Menschenrechtsbildung und -training in angemessener Form für ihre Mitarbeitenden und ihr Personal zu gewährleisten.

Artikel 11

Die Vereinten Nationen und internationale und regionale Organisationen sollen Menschenrechtsbildung und -training für ihre zivilen Mitarbeitenden sowie für militärisches Personal und Polizist/innen unter ihrem Mandat bereitstellen.

Artikel 12

1. Die internationale Zusammenarbeit auf allen Ebenen soll nationale und - soweit zutreffend - lokale Anstrengungen, Menschenrechtsbildung und -training umzusetzen, unterstützen und verstärken.

2. Komplementäre und koordinierte Bemühungen auf internationaler, regionaler, nationaler und lokaler Ebene können zu einer wirksameren Umsetzung von Menschenrechtsbildung und -training beitragen.

3. Die Finanzierung von Projekten und Initiativen im Bereich von Menschenrechtsbildung und -training durch Drittmittel soll gefördert werden.

Artikel 13

1. Internationale und regionale Menschenrechtsmechanismen sollen bei ihrer Arbeit und im Rahmen ihrer jeweiligen Mandate Menschenrechtsbildung und -training berücksichtigen.

2. Die Staaten werden dazu aufgefordert, Informationen über Maßnahmen im Bereich von Menschenrechtsbildung und - training in geeigneter Weise in ihre Berichte an die einschlägigen Menschenrechtsorgane einzubeziehen.

Artikel 14

Die Staaten sollen geeignete Maßnahmen ergreifen, um die wirksame Umsetzung sowie Folgeaktivitäten zu der vor- liegenden Erklärung zu gewährleisten und die in dieser Hinsicht erforderlichen Ressourcen zur Verfügung stellen.

Verabschiedet als Resolution A/RES/66/137
der 66. Sitzung der Generalversammlung der Vereinten Nationen, Tagesordnungspunkt 64 der 89. Plenarsitzung am 19. Dezember 2011 auf Grundlage des Berichts des Dritten Ausschusses der Generalkonferenz (A/66/457)
und veröffentlicht am 16. Februar 2012:
Generalversammlung 66/137. Erklärung der Vereinten Nationen über Menschenrechtsbildung und -training

Die Generalversammlung
begrüßt die Annahme der Erklärung der Vereinten Nationen über Menschenrechtsbildung und -training durch den Menschenrechtsrat, in seiner Resolution 16/1 vom 23. März 2011,
1. *nimmt* die Erklärung der Vereinten Nationen über Menschenrechtsbildung und -training *an*, die dieser Resolution angehängt ist (hier: siehe oben);

2. *lädt* Regierungen, Agenturen und Organisationen im System der Vereinten Nationen sowie multilaterale und Nichtregierungsorganisationen *ein*, ihre Anstrengungen zur Verbreitung der Erklärung zu verstärken, und den universellen Respekt und das Verständnis für die Erklärung zu fördern, und bittet den Generalsekretär den Text dieser Deklaration in die nächste Ausgabe von Human Rights: A Compilation of International Instruments (Menschenrechte: Eine Sammlung internationaler Instrumente) mit aufzunehmen.

Gemeinsame Übersetzung der Deutschen UNESCO-Kommission, des Deutschen Instituts für Menschenrechte, des Zentrums für Menschenrechtsbildung Luzern, des Europäischen Trainings- und Forschungszentrums für Menschenrechte und Demokratie Graz und des Zentrum polis - Politik Lernen in der Schule Wien.

Anwendungshinweise

Bürger/innen der BRD: können den üblichen Rechtsweg nutzen, oder **Individualbeschwerden** direkt beim Bundesverfassungsgericht oder über www.institut-fuer-menschenrechte.de einreichen. Postanschrift: Bundesverfassungsgericht Schlossbezirk 3 76131 Karlsruhe und Deutsches Institut für Menschenrechte Zimmerstraße 26/27 10969 Berlin.

Natürliche Personen und Menschen nach UN-Resolution 56/83, die sich zur BRD exterritorial stellen: können **direkt** eine Menschen- und Völkerrechtsanzeige beim Internationalen Gerichtshof Maanweg 174 2516 AB Den Haag – Niederlande oder per E-Mail über otp.informationdesk@icc-cpi.int einreichen, Anwendungsbeispiele sind im Buch *Hoheitsrechte-Grundverträge* und *Im Hoheitsstatus leben* auf www.liebe-kraft-freude.de zu entnehmen.

Menschen die nach neuem Welthandelsrecht mit UCC-OPPT-Eingaben handeln: können Ansprüche mit **Kulanzmitteilungen** (Courtesy Notice = CN) geltend machen. Weitere Handelsanweisungen sind leider noch unausgereift, hilfreiche Webseiten sind z.B. https//revealthetruth.net / https://i-uv.com/.

Menschen die nach lebensnatürlichen Gesetzmäßigkeiten leben wollen: können Bücher wie *Eine natürliche Lebensweise, Lebenswissen, Lebenswertes, Lebens ist mehr, Dein Glück finde, Ein reines Vermächtnis und weitere* auf www.liebe-kraft-freude.de nutzen.

* Adressen und Internetadressen können sich geändert haben, vor Gebrauch nochmals überprüfen.

Erst wenn Worte mit Leben erfüllt sind
können wirksame Veränderungen geschehen
und Menschen fruchtbare Taten vollbringen.

Drei Grundbausteine fürs Leben:

ISBN: 978-3-7392-1476-4

15,- €

Ein Anfang, Lebenswissen mittels jahrelanger
Erfahrung vereinfacht.
Erster Lebensbaustein zum leichtverständlichen
Einstieg und zum natürlichen Lebensaufbau.

ISBN: 978-3-8423-3060-3

5,- €

Eine Besinnungspause einlegen und wieder lebendig werden, Kurzform.
Zweiter Lebensbaustein zur täglich-inneren Anwendung.

Gesetze &
Gesetzmäßigkeiten

- für den Berufs- und Lebensalltag -

Lebens- und Persönlichkeitsrechte

Peter vom See

ISBN: 978-3-8423-2981-2

13,- €

Immer schon dagewesene Persönlichkeits- und Lebensrechte.
Dritter Lebensbaustein zum entwickelbaren Recht- und Selbstverständnis.

Auf Anfrage.

Erfahrung und Hauptbeweggrund einer neuen Denk-, Recht- und Lebensweise - ein Weg von der Ohnmacht zur Vollmacht - auf www.liebe-kraft-freude.de.

In Freiheit leben

Peter vom See

- ein persönlich erlebter Weg...

Peter vom See

Den Weg gegangen habe ich sechs Jahre damit zugebracht Rechte und Macharten der BRD und einer dunkel-kalten Dualität zu beleuchten und diese Gesetze anzuwenden.

Unter anderem war es zum persönlichen Wachstum und Überwindung von Ängsten und Vormachtstellungen geeignet, um innere Kräfte freizulegen die zur eigenen RECHT- UND LEBENSFÄHIGKEIT allernotwendig sind.

Bei allem was Du tust ist vor allem Deine Bereitschaft einen höheren Standpunkt einzunehmen für Erfolg und Zufriedenheit ausschlaggebend, sei da nur bestimmt, weich und fließend.

Es lohnt sich sicher darüber Bescheid zu wissen und mit Deinem ganzen Wesen dafür einzustehen.

weitere Recht- und Lebensschriften

auf www.liebe-kraft-freude.de